도망가자,
바다면 더 좋고

- 이도훈 에세이 -

도망가자,
바다면 더 좋고

이도훈 에세이

"나아지지 않는 상황 속에서 아파하나요,
답답하고 들끓는 마음이 더울지는 몰라도
우리, 더 울지는 말기로 해요"

prologue

글을 쓴다. 기억 속을 더듬어가다 따끔거리는 부분에서 멈춰 선다. 달력을 뒤로 몇 장 넘겨 둔 채로 밤보다 긴 펜을 종이에 가져다 댄다.

이번이 마지막일지도 모른다며 채찍질한다. 내 글을 아무도 읽어주지 않는 순간이 올 수도 있다고. 아무도 관심 가져주지 않는 순간이 올지도 모른다고. 이래서 언제 스스로를 작가라 떳떳하게 말할 수 있겠냐고.

"당신은 다 잘 될 거야." 토닥이다 문득, 나도 내가 잘될 거란 확신이 없는데 거짓말하다 들킨 아이처럼 급히 노트를 덮는다. 그리곤 나를 응원해 주는 사람들의 다정함을 진정제처럼 털어 넣는다. 거짓을 쓴 글은 읽는 사람에게도 쓴맛이 날 테지, 그럴듯한 가벼운 위로를 섞지 않으려 노력해야지.

늘 어렵다. 아픔을 예쁜 문장으로 빚어가는 일은. 무릇 타인의 상처에 손을 가져다 대려면 내 손부터 깨끗이 닦아야 하는 법이기에. 나는 사람들에게 그들이 가진 아픔이나 문제에 대해 완벽한 위로나 정답을 줄 수 없음을 이미 알고 있다. 내 글은 그저 오랜 시간 혼자 괜찮아지는 방법을 연구한 보고서. 혼자 상처를 꿰매는 데 익숙하지 않은 사람들을 위한 참고서. 고민이 많은 사람이 뽑아 든 타로처럼 읽히길 바랄 뿐.

글 쓰는데 투자한 시간의 대가는 돈이나 명예가 아닌 내 존재의 증거이다. 누군가 나를 읽어주고, 공감해 주는 순간에 나는 존재함을 느낀다. 좋아하는 가수의 콘서트장에 모인 관객들처럼, 한국 축구 경기를 관람하는 티비 앞의 사람들처럼, 모르는 사람들이 활자 아래서 하나가 된다는 느낌이 망가진 심장을 뛰게 한다는 걸 알아버렸다. 나는 누군가에게 읽힘으로써 구원받았다.

평생 갚을 수 없는 감사함에 보답하는 길은 늘 같은 자리에서 글을 쓰는 일일 테다. 산호처럼 늘 같은 자리에서 길 잃은 니모를 기다려주는 일일 테다.

책 속으로 바람 좀 쐬러 갈까요.

책장을 넘길 때 나는 파도 소리와

포근한 종이 냄새 속으로.

말 없이도 다정한 활자 속으로.

— 이도훈

차례

prologue · 6

1장. 봄 바다

고양이 같은 사람	20
미안하고 고맙고 사랑해	21
여기, 있어	22
정신적 지주	23
잘 지내고 싶어	25
수호신	26
떠났다 올까	27
이 순간 최선을 다해	28
요즘	30
그리움	32
잘 지내	33
꿈속으로 도망가자	34
사랑이 쉬웠던 적은 없었다	36
지브리	38
너에게 마지막으로 해주고 싶었던 말	40
우리만의 속도로	42
당신을 사랑한다는 말	43
솔직한 두려움	44
편백	45
네 생각	47

낡은 서랍	48
타로	49
사랑의 의미	51
우리	52
나였으면	53
콩깍지	54
구원	56
떠난다는 말 만큼은	57
하고픈 사랑	58
너라는 우주	59
든든한 사람	60
멍	61
떼어내는 일	62
봄 사랑	63
당신의 행복	64
낭만	65
미소	66
영원한 내 편	67
티키타카	68
섬유유연제	69
손	70
황소고집	71
당신아	72

2장. 여름 바다

세월	76
소신	77
나를 믿을 것	78
나의 버스	79
보답	80
쉼표	81
보란 듯이	82
이 또한	83
액땜	84
진인사대천명(盡人事待天命)	85
지금의 내가 좋다	86
흐르기	87
신호등	89
불꽃	90
믿고 싶다	91
일일이	93
봄 한 움큼	94
믿기를	95
완벽하게 망가지기	96
다정함	98
페인트칠	99

자연은 말한다	101
북극성	102
고쳐쓰기	103
증명	105
가끔씩은	106
도망	107
잘 될 거야	108
잘 하고 있다	109
강줄기	110
다시 일어서면 돼	111
툭	113
그뿐이다	114
언젠가는	115
일기장	116
당신	117
벤치	118
아무도	119
인생그래프	120
흐림	121
어쩔 도리 없는 일	122
장미	123
자명 시계	124
욕심	125

3장. 가을 바다

인연	128
후회	130
파도 같은 삶	131
역시나	132
나만 또	133
화상	135
시절인연(時節因緣)	136
혼자인 날에도	137
가끔	138
그만 아플 때도 됐어	139
파도의 삶	140
별에게	141
도란도란	142
녹슨 출입문	144
트라우마	145
그런 사람	146
밤	147
기대	148
폭포	149
그만 데이고 싶다	150
피고 짐	151

마음은 왜 보이지 않는가요	152
까칠한 말	153
한숨	155
마음의 감기	157
나를 미워하는 사람에게	158
함께하는 사람	160
남의 일기	161
촛농	162
책임	163
놓아 보는 거야	164
스탠드	165
망가지고서야	166
고장	168
정적	169
거절	170
세월은 내게	171
연락처	172
소모품	174
종이 달력	175
우리를 묻기에 알맞은 계절	176
겨우	177

4장. 겨울 바다

많이 속상했지	180
뭐라도 좀 먹어	181
당신은 당신이다	183
야경	184
따옴표	185
견디고 있구나	186
포옹	187
괜찮아?	188
메리 크리스마스	190
새해	191
고요한 잠의 섬	193
어제	194
도화지	195
예쁘게 자라왔구나	196
겨울 바다	198
오늘 하루도	199
나와 닮은 너의 하루에	200
울지 않았으면 해서	202
잘 자	203
다정함이 필요한 날에	204

절대로 소중한 너에게	205
어쩔 수 없는 일	207
나의 자랑	208
아픈 시절	209
나도 몰랐던 내 마음	210
작은 모닥불	211
요즘	212
지나쳐갈 시련	214
혼자인 것 같은 날	216
안녕	217
걱정	218
당신이 했던 말	219
그런 날이 있다지만	220
뚜벅뚜벅	221
오늘만큼은	222
안온	223
요즘 힘들다 말하면	224
함부로 대하게 두지 말 것	225
어른아이	226
b에게	227

1장. 봄 바다

나랑 ── 멍 때리러 가자

고양이 같은 사람

고양이 같은 사람. 워낙 독립적인 성격이라
남에게 도움 받는 거 별로 안 좋아하는 사람.

겉보기엔 차가워서 친해지기 어려울 것 같지만
자기 사람에게는 한없이 귀엽고 잘 웃는 사람.

영역 구분이 확실해서 사적인 생활을
침범하려 하면 펀치도 불사하는 사람.

그런 당신은 늘 혼자서도 잘 지낸다 말하지만
내가 당신에 대해 하나 더 아는 건
밤에 주로 울곤 한다는 것과 힘든 일을
잘 티 내지 않는다는 거야.

어느 날 밤, 난 결심했었지.
그 씩씩한 외로움을 내가 와락 안아주겠다고.

미안하고 고맙고 사랑해

당신이라고 왜 하고 싶은 말이 없었겠어.
당신이라고 왜 속상한 마음이 안 들었겠어.

날 위해 한 번 더 참아주고
깊이 생각해서 말해주는 거 알아.
바다같이 넓은 마음으로 안아주고 있다는 거.

내 가끔의 투정과 서운함도
당신을 의지하는 데서 비롯되었던 듯해.
아무래도 내겐 당신밖에 없었던 듯해.

미안하고 고맙고 사랑해, 듬직한 내 편.

여기, 있어

내 주변 사람 중에 가장 멋진 사람은 너야.
나는 네가 늘 자랑스러워.
어른스럽고 듬직한 네 모습은
존재만으로도 믿음이 가고 든든해.

왜 모르겠어,
네가 짊어지고 있는 삶의 무게를.
보이는 것보다 훨씬 애쓰고 있는 거 알아.
그러니 너무 버거울 땐 우리 나눠서 들자.
모든 걸 혼자 짊어지지는 말자.

여기, 네가 기댈 곳도 있어.
네가 안길 품도 있어.

정신적 지주

함께할 때 마음이 편한 사람이 있다.
가족 앞에서도 잘 꺼내지 않는 모습들을
자연스레 꺼내게 되는.

나도 잘 몰랐던 모습들을
발견하게 해주는 사람.

만남에 있어 억지로
에너지를 쓰지 않아도 되는 사람.

평소에 개인적인 이야기를 잘 꺼내는 편이 아님에도
자꾸 속마음을 털어놓게 되는 사람.
정신적 지주 같은 존재.

같은 시절을 함께 보낸다는 것으로
이미 고마워,

나의 곁을 내어주고 싶은 사람.
너를 만난 건 아마 내게 둘도 없는
행운이자 복일 테다.

잘 지내고 싶어

네 마음이 내 마음과 닮아있다면 정말 좋겠다.

내가 너와의 관계를 얼마나 소중하게 여기는지
드러나는 아주 우연한 일이 자주 생겼으면,
네게 신뢰할 수 있는 사람임이 증명되는 일이
자주 있었으면 좋겠다.

마음의 크기나 온도가 완전히 같을 수는 없겠지만,
우리도 사람인지라 가끔 티격태격할 때도 있겠지만,
너도 이 관계를 욕심냈으면 좋겠다.

이 몇 문장으로 마음을 다 전할 수 없어도
너와 오래도록 함께하고 싶다는 말을
자주 전하고 싶다.

수호신

너는 내게 수호신 같은 존재야.
안 좋은 일들이 몰려와도
그게 아주 큰 일이 되지 않도록 지켜주는.

네가 뭘 하려 하지 않아도
내 곁에 있다는 사실 자체만으로
힘이 되어주는 그런 존재.

아무래도 너는 내 삶에 몇 번 찾아오지 않는다는
소중한 귀인인가 보다.

우리가 서로를 필요로 했던 그 시기에
때맞추어 나타난 최고의 우연인가 보다.

떠났다 올까

집을 떠나 잠시 가까운 곳에 다녀올까.
포근한 바람, 불어오는 햇살 맞으며 천천히 걸을까.
요즘 계절, 겨울 지나면 바로 여름이 오는 듯하지만
여전한 봄바람은 우리 뺨을 따뜻하게 스쳐 가니까.

짧게 지나쳐 간 것들로부터
더 많은 것들을 배워왔듯이 짧은 계절에
서로가 서로를 더 깊이 배워갔으면.

봄을 찾아 나서다 꽃을 발견한 게 아니라
꽃이 피었길래 봄이 온 걸 느끼듯
사랑을 찾아 나서다 서로를 발견한 게 아니라
마음에 서로가 피어서 사랑이 온 걸 느꼈으면.

우리는 그렇게 운명이자 필연으로 이름 되었으면.

이 순간 최선을 다해

너를 만나기 전 내게도 많은 계절이 있었고
계절마다 칠했던 추억과 기억의 틈으로
새어 나오는 아픈 배움들이 있었어.

그럼에도 너와 새 종이에
사랑을 적어 내려가고 싶은 건,
더 상처받고 싶지 않음에도 네가 많이 좋기 때문이야.

우리는 둘 다 사랑에 상처받은 적 있는 사람들이지.
아마 너도 나와 같은 생각일 거야.

그러니 우리 아무 일도 없었던 것처럼 사랑하자.
첫 마음으로 대하자.

진다고 해도 날이 따뜻하면 피어오르는 벚꽃처럼,
꺼진다고 해도 이 밤을 밝히려 날아오르는 폭죽처럼,

돌아보지 말고 이 순간 최선을 다해 사랑하자.
서로의 솔직한 두려움을 안고
오래오래 함께 걸어보자.

요즘

요즘 힘들다며 찾아와도 나는 너를 꺼리지 않을게.
네 눈물 색 옷을 입고 기다리고 있을게.

네가 우는 게 티 나지 않게
네 슬픔이 내게 번져도 누구도 알아볼 수 없게
그땐 내가 너보다 크고 강한 모습으로 서 있을게.

살아가는 게 자신 없을 때, 다 무섭고 두려울 때
나와 함께 두렵자. 우리 함께 겪고 살아가 보자.

네가 아플 때 자주 듣던 노래 같이 들으며
서로에게 가사가 되자.

남들보다 조금은 달랐던 우리,
특별한 감성을 지닌 우리,
여린 웃음 지으며 삶의 끝자락까지 가자.

저 우주에서도 같은 별자리 속에서
어깨동무하고 영겁의 시간 동안 곁이 되어주자.

그리움

너와 행복했던 시절을 그리워하기엔
내 마음이 이토록 아프니
너를 아예 몰랐던 시절을 그리워할 수밖에.
혼자 지내는 게 익숙했던 그때를.

조금의 외로움은 달갑게 안고 살아갔을 텐데.
꽃이 피지 않는 계절이라도 사랑했을 텐데.
아픈 만큼 배워야 했던 것들을 배우지 않고서도
그럭저럭 잘 살아갔을 텐데.

다시 돌아가도 나는 너를 사랑했겠으나.

잘 지내

잘 지내되 잘 못 지냈으면.
건강하되 나와 같은 온도로 이별을 앓았으면.
행복하되 나와 함께였던 시간만큼은 아니었으면.
좋은 사람 만나되 나보다는 덜 괜찮은 사람이었으면.
몇 겹의 계절이 지나고 헤어스타일이 몇 번 달라지는
동안 남은 마음들이 정리되고 다 잊고 살아가겠지만
네 마음속에 두고두고 후회되는 사람이었으면.
두고두고 애틋한 사랑이었으면.

꿈속으로 도망가자

우리 손 꼭 잡고 꿈속으로 내달리지 않을래.
어젯밤 꿈에서도 나는 너와 털장갑을 끼고
눈사람을 만들다 왔어.

너를 안고 있다가 갑자기
내가 고래가 되었을 때 그때 깨달았지.
나는 너를 등에 업으면 바다도 건널 수 있다는 걸.

잠깐 깰 때마다 네 웃는 얼굴이 자꾸 떠올라서
금세 다시 이불을 덮곤 했으니 너는 이다지도
내게 이어 꾸고 싶은 꿈이었어.

이리와 같이 눕자. 오선지에 그려진 하루를 말하면
머리칼을 쓰다듬을게. 온몸으로 너를 향할게.

이 밤의 걱정은 다 부수고 좋은 미래만을 조각하자.
서로의 숨겨진 결핍과 지난날의 통증을 안고서
꿈속으로 도망가자.

서로의 하루 끝을 우리만의 색으로 다시 칠하자.
그렇게 우리 자정을 넘어 함께하자.

사랑이 쉬웠던 적은 없었다

사랑이 마냥 쉬운 것이었다면
'어반자카파'의 명곡들도 들을 수 없었을 거고
'노트북', '라라랜드', '어바웃 타임', '스타 이즈 본'
같은 명작들도 볼 수 없었겠지.

사랑을 하고 싶은데 두려워서 망설여진다는 건,
아마 사랑의 양면을 알기 때문일 것.
사랑은 또 다른 세상을 선물해주고
가장 가까운 곳에서 함께하며
외로운 세상을 버텨내게 하고,
무엇도 주기 힘든 안정감을 주는 존재.

이 감정을 나는 빛이라고 이름할 테지만,
빛이 있는 곳엔 늘 어둠도 있었지.

서로의 비슷한 가치관과 삶의 모양에 반했더라도,
같은 건 너무 같지만 다른 건
너무 다른 것들을 만나게 되는 법이라서.

이런 사소한 일에 삐져도 되는 건지
어느 부분까지 해야 하는 건지
이게 정말 맞는 건지하며
친구들의 조언에 기대어 답을 갈구하게 되기도 하지.

나는 사랑을 참 사랑하는데,
사랑이 그저 쉬운 일은 아니더라.
하긴 원래 사랑은 쉬웠던 적이 없었지.
사랑을 쉬었던 적 말고는.

지브리

정수리 뒤로 뜨는 아침의 온도가 느껴지면
슬그머니 일어나 방금 태어난 별처럼
새근새근 잠들어 있는 당신을 한 번 안아본다.

부스럭거리며 깬 아침 투정도,
부은 얼굴도 온통 빛이지.

나른함이 빛망울처럼 번지는 시간,
내 마음속 오랜 바다에도
매일 이런 아침 해가 뜬다면,
빈 소라 껍데기는 소라게가 되어
바위를 오를 테고 방파제의 따개비들은
폭죽을 쏘아 올릴 테고
바닥의 불가사리들은 하늘로 올라가 별이 될 거야.

당신과 함께 맞는 아침은
내게 자연이고 산책이고 숲이자
바다이고 모닥불이자 '지브리'의 배경음악이야.

서울이면 어떻고 전주면 어떻고 제주면 어떠할까.
우리의 아침 침대는 우리 이야기 따라 하울의 성처럼
어디든 다닐 텐데.

너에게 마지막으로 해주고 싶었던 말

내 삶의 원고에서 나 아닌 누군가가 주인공이었던
수십 페이지를 통째로 잃었던 그 날.

마지막으로 하고 싶었던 말을 미처 전하지 못했던
사람의 가슴엔 눅눅한 엽서가 대못으로 박혀있다.

꼭 말해줘야만 했던 대사가 지나는 길목에서
익숙하게 떨어지는 눈물에 잉크는 마를 리 없고.
닦아내려 할수록 기억은 멀리 번져가고.

시간이 흘러도 자연재해처럼
간밤에 예고 없이 발생하는 통증에,
영하보다 낮은 고통의 체감온도에,
전하지 못한 안부를 입김처럼 토해내며
나직이 너의 행복을 빌어주는 밤.

참 고마웠다고, 네가 있었기에
그 시기를 버텨낼 수 있었다고.
잘 표현 못 해서 미안했고, 많이 사랑했다고.
가슴에 적힌 엽서를 조금 꺼내어 만지작거리는 밤.

우리만의 속도로

장난스러운 대화도, 깊이 있는 진지한 대화도
모두 잘 통해서, 돌아다니다가
근처 카페에 앉아 잠깐 쉬고 싶을 때나
문득 출출해지는 때가 엇비슷해서,
순댓국, 붕어빵, 닭꼬치, 탕후루.
먹고 싶은 메뉴도 자주 같아서
절대 놓치고 싶지 않은 사람.

이 정도 잘 맞는 사람 삶에 스쳐 가는 일이
생에 몇 번 일어나지 않는 기적이란 걸 알아.
오래 돌고 돌아 닿은 만큼 앞으로 함께 걷는 길도
산책하듯 돌고 돌아 오래가자.

세상의 기준에서 벗어나 우리만의 나이와 속도로,
우리만의 가치관으로 함께하자.

평생을 함께하자는 말이 가슴에
퍽 닿지는 않을 테니 매일매일 내일을 약속할게.

당신을 사랑한다는 말

내 입으로 뱉은 말은 꼭 지키고 싶어서.
내가 한 말엔 꼭 책임을 지고 싶어서.
그래서 한 번 더 곱씹어 보고 말하는 편이라서.
솔직하지 않아도 되는 것까지도
모두 솔직해야 하는 편이라서.
그리고 남들보다 조금은 사랑이 뭘까에 대해
고민해 본 편이라서.

평생이라는 말보다 오래라는 말을 자주 쓰지만,
당신을 사랑한다는 말을 빚어가는 모든 시간에
진심이 아니었던 적은 없었다.

당신과 평생을 함께해도 즐겁겠다는 말도,
내 진심이 가끔 당신 마음 가운데를 빗겨 갔을지언정
내 모든 말들이 당신을 향하지 않은 적이 없었다.
나의 사랑이 조금 더 무거운 무게로 닿았으면 했다.
너에게만은 꼭 그런 사랑을 주고 싶었다.

솔직한 두려움

너무 한 사람만 의지하면
그 사람이 사라진 후의
나를 나조차도 감당할 수 없을까 봐.

그 공허함을 견디지 못할까 봐.
마음이 너무 잘 보이면 쉽게 생각할까 봐.
더는 내가 궁금하지 않을까 봐.
내 모든 걸 알게 되면 도망갈까 봐.

작은 것에 서운해 하면 소심해 보일까 봐.
혹여 이해 못 해줄까 봐.
그럼 또 말도 못 하고 혼자 참다 상처받을까 봐.

늘 마음에 도망칠 공간을 만들어 두고서
미래에서 이별의 고통을 빌려와 미리 아파보곤 했지.
그 두려움을 꺼내 놓는 일부터가 사랑인 줄도 모르고.
누군가는 솔직한 나를 안아주고 싶었을지도 모르는데.

편백

말의 무게를 아는 사람.
함부로 타인을 평가하지 않고
겪어보지 못한 일에 대해 속단하지 않는 사람.

막말하지 않고 욕하지 않는 사람.
강한 사람에게 강하고 약한 사람에게 약한 사람.

실수는 인정할 줄 알고
다시 그러지 않으려 노력하는 사람.
사과할 줄 아는 사람.

누군가 깊은 이야기를 기차처럼 나열하면
귀에 철로를 내고 자신의 마음까지
가는 길을 내어주는 사람.

인생은 혼자 와서 혼자 가는 것이라지만,
그 찰나엔 많은 이들이 들렀다 갈 테니
내면을 가꾸고 울창해지는 일을 멈추지 말아야지.

나를 건너는 사람들에게 편백 나무 향처럼
참 편안한 사람이었다 기억되어야지.

네 생각

비라도 많이 내리는 날에나
당신 생각이 흐리게 날 줄 알았는데
이렇게 햇살 좋은 날에
당신 생각이 선명하게 떠오르는 이유는
아마 당신과 함께했던 날들이
내겐 따뜻한 계절이었던 까닭이려나.

낡은 서랍

복잡한 마음을 정리하기 위해 오래된 서랍을 열어본다.
별게 다 들었네, 그 애랑 찍은 사진이랑 편지도 있고
이건 한때 친했던 친구가 선물해 준 건데 아직도 있네.

사실 서랍이야 수백 번도 더 열었다 닫았으니
여태 남아 있다는 건 쉽사리 버리지 못했을 것들.
녹슬고 부식되어 손을 댈 때마다 베이고야 마는.
계절을 넘나들어 따뜻하다가도 금세 차가워지고 마는.

오늘도 가슴팍에 먼지처럼 엉겨 붙은 감정들만
조금 쓸어낼 수밖에.

마른 수건 같은 손으로 흐르는
녹물 몇 방울 닦아낼 수밖에.

타로

그 애는 나를 친구 이상으로 생각하지 않았다.
그렇기에 난 타로처럼 고민이 있을 때
편하게 찾을 수 있는 사람으로 곁에 머무르기로 했다.

내 마음을 알면 행여 부담으로 느낄까 봐.
그러면 친구라도 되지 못할까 봐.
좋아하는 마음이 적힌 카드들을 거꾸로 뒤집어 두고서
늘 그 애 근처에 나를 진열해 두었다.

그 애가 고민을 털어놓을 때면 난 늘 가진 것 중
가장 다정한 카드를 뽑아 덧대어 줬다.
그러고는 욕심을 내었다.

이 온기가 당신에게
특별한 의미로 닿았으면 좋겠다는 둥
이 다정함이 당신 마음에 섞여서
오래 간직되었으면 좋겠다는 둥

그렇게 차츰 당신이 나를 믿게 된다면
내가 변함없는 모습으로 당신의 행복을 빌어준다면
언젠가 우리는, 하고.

사랑의 의미

사랑의 역할이 시간에 따라 변해가는 거라면
나는 그렇게 생각해. 서로의 어두운 면을
조금 더 꺼내어 봐도 되는 거. 그래도 괜찮은 거.

우물 안의 우울을 길어 함께 마셔 보는 거.
그 사람이 살아온 삶을 전부 긍정하는 거.
바다 깊이로 우울해 할 땐 함께 바다에 빠져주고
함께 동굴에 들어가 주는 거.

사랑은 종교 같은 거라서 서로에 대한 믿음이 전부야.
어둠 속에 혼자 내버려 두지 않을 거라는 믿음.
그 믿음만이 서로를 천국으로 이끄는 거고.

사랑엔 제철 과일처럼 철이 있는 게 아니야.
그 애가 혼자 슬퍼하고 있으면
철없이 달려가 안아주는 거야.

우리

우리, 좋은 사이로 오래 봤으면 좋겠다.

서로의 꿈을 진심으로 응원해 주는 사이
좋은 영향과 도움을 주고받는 사이
믿음이 깊어 흔들리거나 불안하지 않은 사이
몸은 떨어져 있어도 마음은 늘 가까운 사이
그리고, 그 사이의 인연이 길었으면 좋겠다.

언젠가 서로가 처한 상황과 환경에 따라
관계가 희미해지는 때가 찾아오더라도
인연이라는 얇은 실을 놓지 않고서 우리,
좋은 사이로 오래 봤으면 좋겠다.

나였으면

나였으면 좋겠다.
잠에서 덜 깬 네 목소리를 들을 수 있는 사람이
힘든 일 있을 때 가장 먼저 생각나는 사람이
술기운이 올랐을 때 연락하고 싶은 사람이
늦은 밤이 되면 자꾸 생각나는 사람이
뭐 하고 있는지 궁금해하는 사람이
네가 연락을 기다리는 사람이
네가 좋아하는 사람이
나였으면.

콩깍지

시간이 콩깍지를 벗겨내면서부터
진짜 사랑이 시작된다고 믿는다.
설렘이 진 자리에 듬직한 믿음이 나무처럼
자라나고 믿음이라는 나무에서는
잘 익은 사랑이 열매처럼 피어난달까.

두 쌍의 눈으로 보는 바다와
두 쌍의 입으로 맛보는 음식.
두 쌍의 귀로 듣는 귀뚜라미 소리와
맞닿은 두 쌍의 체온.

서로의 손과 발걸음이 집에 가듯
당연히 향할 곳이 있다는 게,
꿈에 그리던 미래의 풍경화 속에
서로가 당연히 있다는 게,
외로운 세상을 둘이 마주한다는 게,

첫 만남보다 설레는 건
세상에 무조건 내 편인 사람이 존재한다는 사실이
얼마나 든든한지 알기 때문인 거겠지.
한여름에 갑자기 하늘에서 눈이 내리는 걸
나 혼자만 본다면 그 누구도 믿어주지 않을 테니까.

구원

몸살처럼 덥석 찾아오는 울적한 이 기분이 어디서 왔고
어디로 가게 될지 분명히 느껴질 때면 버릇처럼
네 이름을 부르곤 해.

네 부드러운 품을 기도하면 너는 안온한 미소로
내 얼굴에 찾아와 웃음을 주니까.

이 잠깐의 구원이 어쩌면 내겐 삶의 전부라는 걸 알까.
동굴 속의 나를 꺼내어 줄 때
내 세상은 온통 너로만 채색된다는 걸.

함께라면 분명 웃으며 살아갈 수 있다는
확신을 준 사람, 서로에게 커튼으로 있어 주자.
한없이 밝기만 할 때도 마음의 창가를 떠나지 않고서
언제든 접어둔 팔을 펼쳐 안아줄 수 있게.

떠난다는 말만큼은

여전히 익숙해지지가 않네.
나의 작은 세상에서 누군가 사라지는 일은.

평소에도 벽을 여러 겹 쌓아두고 사는
상처 많은 사람이라서.
그 고집스런 벽을 비집고
들어온 사람을 내보낸다는 게,
이 작은 세상엔 붕괴와도 같은 일이라서.
나 사실 아직 무너질 준비가 되어 있지 않아서.

우리가 적힌 페이지가 찢기고 구겨져서
서로의 삶의 바깥으로 내동댕이쳐지는 게 두려워.
그냥 덮어서 치워 두었다가 시간과 함께 먼지가 쌓이면
그때 조금씩 털어내는 걸로 하면 안 될까.

그냥 그렇게 원래 있던
각자의 삶으로 돌아가는 걸로 치면 안 될까.
제발 영영 떠난다는 말만큼은 아껴 두면 안 될까.

하고픈 사랑

내가 하고 싶은 사랑이란
우산을 내어주고 뛰어가는 것이 아닌
한 우산을 쓰고 천천히 걷는 것.
너와 나 둘이 만나 하나가 되는 게 아닌
너와 나 하나가 만나 둘이 되는 것.
한강 앞에서든 광안리의 바다 앞에서든
서로의 눈이 3초 이상 맞닿으면
이제 뭐가 맞닿아야 하는지 아는 것.

너라는 우주

아픈 연애에 많이 데었겠지,
이젠 절제된 사랑을 원하는 것도 알아.
그래도 우리 후덥지근한 사랑을
너무 두려워만 하지 말자고.
마음 내어주는 걸 너무 두려워만 하지 말자고.
익어가는 무화과처럼 성숙한 사랑을 해보자고.

나는 아직 너에 대해 모르는 부분이
훨씬 많다는 말이 몇 겹의 당신을 벗겨냈지만,
여전히 그 속의 당신이 궁금하다는 말이
너는 내게 평생의 호기심이자 미제사건이라는 말이
네 두려움에 대답이 될지는 모르겠지만,
우리 가장 느린 사랑을 하자.
지구가 자전하는 속도보다 천천히 서로를 알아가자.

내게 보여준 별 같은 미소만으로도 나는 이미 벅찬데
앞으로 만날 너의 우주를 어떻게
사랑하지 않을 수 있겠어.

든든한 사람

곁에 있기만 해도 오후 4시의 침대처럼 포근한 사람.
마치 서점 같았지, 내게 하고픈 수만 장의 이야기를
책장 빼곡히 꽂아두고서 조용히 내 이야기만을
들어준 거야.

무릇 마음의 상처가 유독 아픈 까닭은 나만이 알고
있기 때문인 것인데, 당신은 자꾸 내 상처를
당신의 것으로 만들려 했어.

하루에 존재하는 나의 일들을 너의 일인 듯 대해줬으니.
나를 싫어하는 사람을 어떻게 나보다 더 싫어해 줄 수
있었는지. 나보다 더 화난 얼굴로 그를 욕해주었는지.
못나게 우는 얼굴도 어쩜 그렇게 다정한 눈빛으로
쳐다봐 주었는지.

꽃잎처럼 나부끼는 나의 마음을 한데 모아
안아주던 사람. 봄은 지나고 없지만
당신의 벚꽃색 포옹을 나는 잊지 못하고.

멍

나랑 멍때리러 가자.
불멍도 좋고, 바다멍도 좋아.
공원 벤치도, 잔디 위 돗자리도,
따개비로 덮인 방파제도 좋아.

내 마음보다 시끄럽지만 않은 곳으로
다정한 소음이 들려오는 곳으로
생각 좀 비우러 가자.

떼어내는 일

내 전부를 줬다.
적당히 사랑할 걸 그랬지.
헤어짐의 순간에 너를 뚝 떼어내는 일은 쉬웠을 텐데.
함께 머문 시간 동안 우리의 살갗은 엉겨 붙어 버려서
나를 함께 떼어내는 일이 참 어렵다.

하나의 추억에서 너와 나를 분리수거 하는 일.
함께 찍었던 사진에서 나만을 건져 내는 일.
이별은 아프다는 말로 절대 다 표현 못 하지.
과거와 현재는 병들었고, 마음 둘 곳은 먼 미래뿐이고.

약은 시간밖에 없고, 그 쓴 약을 먹는 동안
나는 마늘과 쑥을 먹는 곰처럼 외로울 테니까.

봄 사랑

봄이 불어와.
웜톤의 계절, 파스텔톤의 하늘.
얼굴에 닿는 살구색 봄볕에선 시나몬 향이 나.
단내 머금은 설렘이 꽃가루처럼 마음을 간지럽혀.
선홍빛 잇몸은 벚꽃 따라 만개하고
어둡던 얼굴엔 웃음이 별처럼 태어나.

겨울잠을 자던 감정들도 부산스럽게 일어나는 탓에
봄을 조금 타긴 하겠지. 가끔 마음이 허전할 테지만,
나는 믿어.
너의 외로움 더하기 나의 외로움은 위로라고.
너의 봄 더하기 나의 봄은 사랑이라고.
날씨가 좋다. 예쁜 옷 꺼내 입고 우리 곧 만나.

당신의 행복

당신의 행복이 곧 나의 행복입니다.
누군가 당신을 미워한다면
내가 그 사람을 두 배로 미워하겠습니다.

당신에게 못되게 군 사람에게는
험한 말도 마다하지 않겠습니다.

세상이 당신을 따돌리면
나도 당신과 함께 세상을 따돌리겠습니다.

혼자만 서럽지 않게, 혼자만 억울하지 않게
꿈속에서도 나는 늘 당신의 편일 겁니다.

낭만

짧다면 짧고 길다면 긴 시간 동안
나와 함께 해줘서 고마워.
너와 보낸 시간들이 내겐 구원과도 같아서
앞으로가 더 기대된다는 걸 알까.

카페에 앉아 마시는 커피 한 잔도
벤치에 앉아 훌쩍이는 맥주 한 캔도
어느 식당에서 기울이는 소주 한 잔도
너와 함께라면 어느 드라마나
영화의 한 컷이 된다는 걸.

너와 함께라면 어느 곳이라도
낭만이 비처럼 내린다는 걸.
우리의 하늘엔 늘 노을이 진다는 걸.

미소

네가 웃으면 울다가도 웃게 된다.
네가 웃으면 화를 내다가도 웃게 된다.
너의 웃음은 곧 나의 웃음이다.
너의 웃음은 내가 살고 싶은 세상이다.

영원한 내 편

세상이 모두 등을 돌린대도 누구도 너의 말을 믿어주지
않는대도 나는 너를 향하고 너의 말을 들을게.

그 믿음 하나면 세상이 덜 무서울 것 같아.
인간관계도, 사회생활도 두렵지 않을 것 같아.
누군가 나를 싫어해도 조금은 더 관대해질 것 같아.

우리 서로의 도피처가 되자.
마음속 바다에 우두커니 서 있는 섬이 되자.
어디론가 도망가고 싶을 때
꺼낸 비밀 지도의 좌표가 서로의 품을 향할 수 있게.

우리 함께라면 우주 밖 우주까지도
달 속의 달까지도 갈 수 있다고 믿자.

시간이 흐르고 나보다 나를 더 잘 아는 너,
너보다 너를 더 잘 아는 내가 되면
영원한 내 편. 그 환상은 실화가 될 거야.

티키타카

티키타카. 말로는 다 설명할 수 없는 우리만의 코드.
이것 좀 봐봐. 이것 좀 해봐. 이것 좀 먹어봐.
나를 웃게 하는 것들이라면 너도 웃게 할 거라는 확신.
내게 맛있는 음식이라면
너도 분명 맛있어할 거라는 확신.

사랑은 공통된 오감으로
다른 세상을 하나로 맞이하는 것이다.
시시콜콜한 대화로 시끄러운 세상보다
시끄러워지는 것이다.

편안한 발걸음으로 함께 걸어간다는 사실은
우리가 지구처럼 큰 사랑을 하고 있다는 증거이다.
서로를 중력으로 끌어당기고 있기에
세상 어떤 시련도 도란도란 이겨낼 수 있다.

섬유유연제

후각으로 느껴지는 것들을 좋아한다.
향기가 아닌 냄새라고 불리는 것들까지도 사랑한다.
가령 비가 온 뒤의 흙내음이라던가.
아니면 비 자체의 냄새라던가.
누군가는 절대 이해 못 할 계절의 냄새 같은 것들.

아침 공기 냄새, 추운 공기 냄새, 새 책의 종이 냄새,
햇볕에 잘 마른 흰색 셔츠 냄새.
그 모든 것들은 나를 포근하게 하고 편안하게 한다.
바쁘게 길을 걷다가도 멈춰 서서 돌아서게 한다.

그래서일까, 유독 지친 하루면 네 품에 안기고 싶다.
힘들었던 하루의 냄새를 덮고 싶다.
봄을 닮은 섬유유연제 향 코트 속으로,
여름을 닮은 덜 마른 샴푸 향 머리칼 속으로
도망가고 싶어진다.

손

처음 손을 잡은 날이 기억나?
여름 쿨톤의 흰 눈 색 손에
가을 웜톤의 살구색 손을 겹쳤을 때,
순간 세상은 모두 다홍빛으로 물들었었지.
서로의 손은 가장 아름답고 다정한 속박이었어.

시간이 흘러 내 손이 집을 향하듯 네 손을 향할 즈음
너는 권태를 걱정했고 나는 대답했지.
너는 내게 영원히 풀지 못할 신비로운 비밀이야.
앞으로도 너를 궁금해할 거고 알아갈 거야.

내가 너의 우주에 대해 아는 건
겨우 예쁜 별 수만 개일 뿐이니까.

그러니 불안해하지 말고 손잡고 가자.
손금 따라 걷는 길.
생명선의 끝자락까지 따뜻한 체온으로 함께하자.

황소고집

노래 하나에 꽂히면
오래도록 한 노래만 반복 재생하는 내가
너를 좋아한다는 건
이제 네 생각만 반복한다는 것.

고집이 황소처럼 센 내가
너를 좋아한다는 건
앞으로 황소처럼 너만 고집한다는 것.

이기적인 내가
너를 사랑한다는 건
곧 네가 나라는 것.

네가 내 삶의 전부라는 것.

당신아

당신은 갑자기 어디서 내게 흘러왔고
또, 이젠 어디로 흘러가는가요.

짧은 추억이 날치 떼처럼 빠르게 헤엄쳐요.
렌즈같이 반짝이는 비늘을 눈으로 한참 좇다
어깨 뒤로 떠오르는 아침이 손끝에 잡힐 때면
그제야 억지로 눈을 감곤 해요.
내 옆에 당신이 없는 게 진짜인 것만 같아서.

당신이 들렀다 간 곳이 하필 갈비뼈 사이 깊은 곳이라
당신을 한 번 더 꺼내어 보려면
나는 그때마다 죽어야 하는데
스치듯 뿌려진 향수에 왜 후각은 마비되지 않고
당신의 냄새가 계속해서 나는지요.

밤이 하도 어두워 여기가 바다인지
내 방인지조차 헷갈려요.
나는 무엇으로부터 도망쳐야 했고
또 이젠 무엇으로부터 도망가야 하는가요.

용기 없는 나는 당신에게 바다 비린내로 기억될는지요.

2장. 여름 바다

나랑   바람 좀 쐬고 오자

세월

이제야 인간관계를 조금 알 것 같은데
친구는 점점 사라져가고.

이제야 하고 싶은 걸 조금 알 것 같은데
나이는 점점 옥죄어오고.

이제야 사랑을 조금 알 것 같은데
이미 너는 내 곁에 없고.

이제야 내가 누구인지 조금씩 알아가는데
세월은 그 시절의 질문에 왜 이제야
대답하느냐고.

소신

믿고 싶다. 내 소신을 의심하고 싶지 않다.
지금 나의 방향이 맞는 방향이라는 거.

남들보다 조금 느려도 꾸준히 걸어가다 보면
결국 원하는 목적지에 도착할 거라는 거.
최고는 아니어도 최선의 선택을 해왔다는 거.
내가 더 좋은 사람이 되어가다 보면
그에 맞는 좋은 인연이 찾아올 거라는 거.

반듯한 인성을 가꿔가다 보면 언젠가
그 덕에 삶이 찬란하게 빛날 거라는 거.

나를 믿을 것

과거의 나와 현재의 나와 미래의 내가
손 맞잡고 내린 결정을 더는 의심하지 말 것.

과거는 절대 거짓을 말하지 않고
현재는 오감으로 내려야 할 결정을 알리며
미래는 잘못된 결정을 추구하려 하지 않으니
고민하던 수많은 시간들을 믿을 것.

나의 내재된 가능성을 굳게 믿고 내딛을 것.

나의 버스

느낌표와 마침표로 가득했던 지난날들.
물음표와 쉼표로만 가득한 요즘
뭘 해도 재미가 없다는 표현이 정확하려나.

이뤄내야만 하는 것들이 눈앞에 가득하니
누군가를 만나는 데도 마음의 여유가 없고,
아무나 바운더리에 들이지 않게 된 탓에
관계는 좁아지고.

많은 사람으로 북적대던 나의 버스는
이제 기껏해야 몇 명의 사람만 태우고서
삶의 중요한 정류장을 쌩하고 스쳐 지나간다.

딱히 멈출 곳 없어 후회되는 지난날들에 정차하고는,
괜히 잘 하고 있는 내게 너 지금 잘 하고 있는 거냐고
짓궂은 질문만 반복하고.

보답

지금은 조금 느리지만
앞이 막막하고 현실에 꺾일 때도 있지만.

내가 정의 내린 나의 성공
늘 상상해 오던 나의 모습

꼭 이뤄내야지.
아무것도 없을 때 나를 믿어준 사람들에게
눈물보다 뜨겁게 보답해야지.

쉼표

잠깐 멈추는 거, 쉬었다 가는 거 많이 불안하지.
너 자신에게, 주변 사람들에게 책임감 있는
강한 사람이라 그래.

네가 잠시 힘내지 않더라도, 잠깐 멈춰 있다 하더라도,
여전히 너의 존재가 가치 있다는 걸 알까.

나무처럼 멈춰 있는 동안에도
누군가에겐 바라만 봐도 믿음직한 등으로,
누군가에겐 그늘로,
누군가에겐 보금자리로 존재하고 있다는 걸.

너의 휴식은 다시 살아갈 힘과 에너지를
산소처럼 만들어내는 충분히 생산적인 하루이고
시기라는 걸.

보란 듯이

평범하게 자라고 싶었고
평범하게 일하고 싶었고
평범하게 사랑하며 살아가고 싶었을 뿐이었는데,

다 지난 일이고
용서하지 않으면 살아갈 수 없었으니
다 이해해 왔고 약한 척하지 않았지.

그 통증 덕에 삶을 빨리 배우게 되었으니
주어졌던 환경과 지나간 인연을 더는 탓할 생각도 없고
앞으로도 잘 살아가겠지만, 다 알면서도 가끔 멋대로
가슴이 아파 올 때가 있기에. 마음의 벽에 눅눅한
기억들이 곰팡이처럼 피어날 때가 있기에.

잘 버텨와 준 나의 어린 시절에게 미안하고
고마운 만큼 그 시절 나에게 보답하기 위해 보란 듯이
잘 살아가리라고 눈물보다 뜨겁게
다짐하는 순간들이 있지.

이 또한

이 또한 지나가겠지.
먼 훗날 떠올렸을 때
웃을 수는 없어도
추억은 할 수 있게 되겠지.
다들 말 못 할 아픔 하나씩은
그렇게 안고 살아가는 거겠지.

액땜

다 액땜이라 생각하자.
안 좋은 일들 미리 다 두고 가는 거라고.
어떻게든 흘러만 가보자고.
어떻게든 매듭만 지어 보자고.

천천히, 하나씩, 차근차근
새로운 출발을 위해
많은 일들을 온몸으로 받아낸
안쓰러운 나를 위해 마음 독하게 먹고서.

진인사대천명(盡人事待天命)

: 사람으로서 할 수 있는 최선을 다한 후에는
 오직 하늘의 뜻을 기다린다.

최선을 다했으나 어긋난 관계
최선을 다했으나 인정받지 못한 일
최선을 다했으나 떠나버린 사랑
최선을 다했으나 떠나야만 했던 곳

겪어보니 알게 된 것. 최선을 심은 자리에
꼭 최선의 결과가 맺어지지는 않는다는 것.
그 모든 것들에 나의 탓을 하며 아파하는 건
나의 진심 어린 최선에게 미안한 일이라는 것.

이제는 전부를 쏟아냈다면,
하늘에 맡겨 두고서 운명에 따를 줄도 알아야겠지.

지금의 내가 좋다

나는 지금의 내가 맘에 든다. 겪을 만큼 겪어본 내가,
아픔의 깊이를 아는 내가 맘에 든다.

아닌 건 아니라고 단호하게 말할 줄 아는 사람이
되었고 삶의 문제들을 보다 현명하게 해결할 줄 아는
사람이 되었다.

나만이 내린 사랑의 정의나
나만이 규정한 인간관계의 원칙,
굵직한 사건들마다 새겨진 나만의 나이테가 좋다.

이젠 모든 것에서 온도나 거리 따위를 잘 조절하게
된 까닭에 사는 게 조금 밋밋할 때는 있지만,
이제야 조금 살만해진 사람이라면 안다.
자극적인 맛엔 반드시 현자의 시간이 따른다는 사실을,
이 차분한 상태에 대한 감사함을,
지금의 편안함이 공짜로 주어진 게 아니라는 것을.

흐르기

흘러갈 것.

꿈과 야망을 위해 열심히 헤엄치다 보면
반드시 숨 가쁜 순간이 온다.
번아웃이 오면 시간과 함께 그저 흘러갈 것.
너무 불안해하지 말고. 너무 많이 생각하지 말고.
시간의 물살이 데려다주는 곳으로 천천히 헤엄칠 것.

흘려보낼 것.

오랜 고민 끝에 선택한 일이라면,
나의 결정을 믿어줄 것.
그 선택은 한순간의 결정이 아님을 꼭 기억할 것.
같이 웃고 울었던 수많은 과거의 나와 자주 불안해하는
미래의 내가 함께한 결정이니 놓았든 놓쳤든
보내줬으면 뒤돌아보지 말 것.
누군가 그건 최선이 아니었다 탓해도
나의 최선을 다했다면 미련 두지 말 것.

내 손을 떠난 것들을 주워다 가슴에 담아두지 말 것.

흘려들을 것.

생각보다 사람들은 진심이 담기지 않은 말을 자주
내뱉는다. 하지만 가벼운 말이라도 가슴에 꽂히면
그 상처가 오래간다. 되려 그 사람이 나를 싫어하는 것
같다고 느끼며 점점 작아지기도 한다.
그러나 그들의 머릿속엔 내가 실 한 올만큼도 없다.
내 머릿속에만 그들이 실타래처럼 가득할 뿐.
내 예쁜 마음에 그들이 더는 머무르게 두지 말 것.

흘릴 것.

마음속 어딘가 숨어서 누군가 발견해 주길 기다리는
눈물을 꺼내줄 것. 가끔은 시간 내서라도 울어볼 것.
슬픈 노래에 기대도 좋고 다정한 글에 기대도 좋고
기댈 곳 없어 사무치는 외로움에 기대도 좋으니
울어볼 것. 밤이 깜깜해지면 후련함과 덤덤함이
선물처럼 찾아올 테니.

신호등

오늘은 분명 멈춰 있어야 할 것만 같은 날인데
밝게 빛나는 초록빛 신호등이 밉기만 하다.

그 초록빛이 수명을 다해가는 네온사인처럼
철없이 깜빡일 때면 파도에 밀려가듯
하루를 건너가겠지.

그러다 정말 지쳐 쓰러지기라도 하면 그제야
빨간 정지신호를 점화할 생각인 걸까.

쉬어야 낫는데, 쉬지를 못하니 낫지를 않네.
몸도 마음도 일도 사랑도 사람도.
어떻게 해야 하지, 나는 내일도 살아가야만 하는데.

불꽃

어린 시절, 달리다 넘어지면 아픔조차 잊은 채
빠르게 일어나 앞으로 무작정 달리곤 했지.

나아가고자 하는 열정 때문이 아닌
넘어졌다는 부끄러움 때문에.

때로는 삶의 초라해지는 순간이
불꽃같이 나아가는 기회가 되기도 한단다.

믿고 싶다

믿고 싶다. 나 지금 잘하고 있는 거라고.
내가 묻기 전에 누가 먼저 말해주면 좋겠다.
간절히 믿고 싶다. 나 지금 잘하고 있는 거라고.
누군가에게 먼저 말해주고 싶다.
너 지금 잘하고 있다고. 많이 불안해하지 말자고.

급한 마음에 뛰어가다 넘어지지 말자고.
그만 다쳐도 된다고. 막막하고
앞이 잘 보이지 않아도 결국 해낼 거라고.
너는 한다면 하는 사람인 거 잘 안다고.
한번 시작하면 끝을 보는 사람인 거 안다고.
초라해지지 말자고. 실수해도 실망하지 않겠다고.

모두 혼자 짊어지지 말자고. 가끔은 무심해도 된다고.
너를 너무 힘들게 하는 말은 흘려들어도 괜찮고
너를 아프게 하는 것들에게서 거리를 둬도 된다고.

행복 앞에서 주눅 들지 말고
아픔 앞에서 씩씩하지 말자고.
다가온 행복을 하나도 놓치지 말자고.
네가 주변 그 누구보다 행복해도 그건 죄가 아니라고.
좋은 사람이 되기 위해 노력하는 삶이 참 쉽지 않지만,
언젠가는 그 덕분에 삶이 찬란하게 빛날 거라고.

일일이

일일이 신경 쓰고 마음 쓰고
정 주다 보니 가슴 안 아픈 일 없었지만,
결국 다 지나갔고 나도 어떻게든 흘러왔으니
이제는 일찍부터 내버려 둘 줄도 알아야지.
기차를 타고 멍하니 창밖을 바라보며 목적지에
도착하듯 삶의 흐름에 몸을 맡긴 채
생각을 비워낼 줄도 알아야지.

모든 일에 완벽한 정답을 찾으려 하지 말 것.
삶의 문제들은 단순한 객관식이나 주관식이 아닌
서술형임을 기억하고,

잘 모르겠을 땐
그냥 지금 적을 수 있는 최선만 적어 내려갈 것.
현재의 나를 긍정하고 불안한 미래는 부정할 것.
밥 꼭 잘 챙겨 먹고서 따뜻한 체온으로
내 삶을 아껴줄 것.

봄 한 움큼

사는 게 뭐 별거 있나 싶다.
밥 잘 먹고 잠 잘 자면 되는 거지. 우리 이젠 아니까,
그 두 개 잘하는 일도 꽤 쉽지만은 않다는걸.

그러니 불 꺼진 방에서 혼자 고민하며 어두운
플레이리스트 속에 하루를 저장해 두지 않았으면 해.
네가 마음 편하게 먹고 성냥불만 하게 미소 지어도
같은 밤을 지내는 내겐 야경이니까.

어디엔가 계속 부딪혀 더 이상 부서질 것도 없을 것
같겠지만, 잠깐 숨 좀 돌리려 해도 시간은 계절처럼
급하게 지나가겠지만, 바람 불면 흩날리고
짓밟히는 게 꽃의 삶이기에 그런가 보다, 하고
의연하게 살아가도 되는 거야. 분명 잘 하고 있는 거야.

마음속에 품은 그리운 봄 한 움큼만
잃지 않으면 되는 거야.

믿기를

고민하던 수많은 시간들을 믿기를.
지금껏 참고 버틴 것으로 충분하니.
상처는 절대 거짓을 말하지 않고
아픔만큼 진실되고 솔직한 건 없으니.

완벽하게 망가지기

완벽하게 망가지기.
미련 없이 버리고 정리하기.
넘어지고 휩쓸리고 부서지기.
비우고 내려놓고 삭제하기.
새로운 나로 다시 태어나기.

억지로 버텨내기보다는
무너져 내리는 편이 낫다는 것.

아슬아슬하게 서 있으며
불안해하기보다는 붕괴되는 편이 낫다는 것.

망가지는 건 두려운 일이지만 막상
망가져 보면 생각보다 후련하다는 것.

불안해서 도망쳤던 사실을 마주하고 나면
그 불안이 사라져 버린다는 것.

가벼운 마음으로 다시 시작할 수 있다는 것.
그렇게 새로운 마음가짐으로 살아간다는 게
내게 꽤 많은 힘을 준다는 것.

번데기가 허물을 벗고 나비가 되듯
이전의 나를 찢고 버린 후에는 늘 날개가 생기고
결국엔 더 멀리 날아갈 수 있다는 것.

다정함

악플 사이에서도 진심 어린 위로를 내비치는 사람
자신도 힘들면서 힘든 누군가를 위해
어깨를 내어주는 사람

혹여 상처가 되지는 않을까
조심스레 대하고 말하는 사람

나와 다른 색을 존중하고
나와 다른 사람을 배려하는 사람
늘 주변을 신경 쓰며 소외된 누군가를 챙겨주는 사람

따뜻한 마음을 지닌 사람들이 꼭 알았으면 한다.
당신의 그 다정함은 상실되어 가는 인류애의 불씨이고
차가운 벽에 기대어 앉아 있는 이들의 난로라는 것을.
누군가의 일기장에 따뜻한 날씨로 기록되는 일이
늘 고민하던 삶의 방식에 대한 답이 된다는 것을.

페인트칠

실수해도 괜찮아. 실수한 순간이 네 머릿속에서
선명해지는 시간 동안 다른 사람의 머릿속에서는
흐릿해지고 있으니.

쉬었다 가도 괜찮아. 쉬었다 다시 출발하는 건
더욱 어려운 일이고 때론 남들보다 뒤처지기도 하지.

하지만 누군가의 뒤를 따르는 일도
그리 나쁘지는 않더라.

넘어져도 괜찮아. 많이 쓰라리고 아플 테지.
두려움은 다치기 전이기에 존재하는 것이니.
다친 순간엔 아픔만 남을 뿐 더 이상 두려움은 없지.
이 기회에 밴드 붙여 두고 잃을 것 없는
사람처럼 뛰어가자.

나는 우리가 영화 같은 삶을 살았으면 좋겠어.
내가 되고 싶은 내 모습만 오직 주인공으로 두는 삶.

달라질 우리를 응원하며 이만.
변화는 언제나 단호하게
방향을 트는 순간부터 시작되니
날이 지날수록 아픔의 채도는 진해지지만
마음 한구석에 페인트칠하는 걸 너무 두려워 말기를.

자연은 말한다

저녁 노을은 알려준다. 지는 법을.
아침 해는 알려준다. 다시 일어나는 법을.
먹구름은 알려준다. 우울한 날도 있다는 것을.
비는 알려준다. 눈물 쏟는 날도 있다는 것을.
장마는 알려준다. 매일 쏟던 눈물도 결국
끝이 있다는 것을. 그 끝엔 무지개가 있다는 것을.
밤은 알려준다. 밝기만 한 날은 없다는 것을.
별은 알려준다. 어둡기만 한 밤도 없다는 것을.
자연은 알려준다. 그게 자연스러운 거라고.

곧 그칠 거라고.

그러니까, 꿋꿋이 살아내라고.

북극성

괜찮아, 수고 많았어. 예쁜 얼굴이 반쪽이 됐네.
왜 모르겠어, 정말 열심히 해왔잖아.
좋아하는 것들 다 포기해가면서 노력해 왔잖아.

때로는 죽음 너머를 상상하면서도 결국 이겨내고
소중한 숨을 지켜냈잖아.
음지가 양지 되고 양지가 음지 된다는 말처럼
삶은 늘 내리막만 있지도 않고
오르막만 있지도 않단다.

그러니 힘든 순간이 오면 기억하렴.
곁에 아무도 없다 느낄 때 내가 먼 곳에서
너의 안녕을 빌고 있다는 것을.
지금까지 그랬듯 다시 일어날 거라고 믿는다는 것을.

별만큼 떨어진 곳에 북극성처럼
늘 같은 자리에 있을게.
불 꺼진 사막에서 길 잃고 주저앉지 않도록.

고쳐쓰기

이제 사람도, 사랑도, 세상도 고쳐 쓰지 않고
고장 난 나를 고쳐 쓰려고 해.

예전의 나를 일부분 지우려고 해.
호구 같던 날들을 찢어내려고 해.
붕괴된 나를 다시 조립해 보려고 해. 바로잡아 보려고.
나 다시 시작해 보려고. 달라진 모습 좀 보여주려고.

아팠던 만큼 성숙했고 울었던 만큼 덤덤해졌고
불안했던 만큼 차분해졌지. 더도 덜도 말고 딱 그만큼.

더 이상 예전만큼의 슬픔이 내게 없는 건
시간의 약효가 눈물샘까지 스며들었다는 것.
마음에 타투로 새겼던,
소중한 만큼 아팠던 어린 과거와
나는 이제야 작별을 했다는 것.

이제 사람도, 사랑도, 세상도 고쳐 쓰지 않고
고장 난 나를 고쳐 쓰려고 해.

증명

나는 다른 사람들이 생각하는 것처럼
강한 사람이 아니었지.

보이는 곳에서 자주 울곤 했으니까.
나는 내가 생각하는 것처럼
약한 사람은 아니었지.

지금껏 힘들어도 버텨내고 이겨냈으니까.
그러니 힘들겠지만, 함께 견뎌 보자고.

우리는 존재한다는 것으로, 살아온 삶 자체로
이미 강한 사람임이 증명되었으니까.

가끔씩은

가끔씩은 망가져야만 한다.
감정의 바다에 빠져 무엇도 손에 잡히지 않을 때,

이젠 그냥 파도에 휩쓸려 버린다.
완벽히 망가져 버린다.
모래성처럼 위태롭게 서 있지 않고
모래사장이 되어버린다.

무너지고 망가졌을 때만
누릴 수 있는 것들을 알았기 때문에.

애써 붙잡고 있던 것들을 놓을 수 있는 용기와
불안함이 사라진 자리에 찾아오는 덤덤함.
폭풍이 지나간 후 모래를 쥐고
내가 원하는 나의 모습을 다시 쌓을 수 있는 기회까지.

도망

도망가자 그냥 어디든, 바람 좀 쐬러.
바다면 더 좋고.

어떤 계획도, 목표도 없이
멍하게 있을 수 있는 곳으로.
타인의 시선이 없는 곳으로.
무표정으로 있어도 아무도 걱정하지 않는 곳으로.
굳이 이야기하고 싶지 않은 고민들은
같은 바람을 마시고 내뱉는 것으로 나누자.

요즘 번아웃이라며.
죽어가는 불씨를 살리려 생기 없는
마른 장작이 되어가지 말고 바람에 맡기고 오자.

바람이 불씨를 다시 살려주든 아예 꺼뜨려 버리든,
둘 중에 하나는 해줄 테니까.

잘될 거야

다 잘될 거야. 혹시 잘되지 않아도
그 나름대로 괜찮을 거야.
오늘은 조금 가볍게 걸어보자.
이래도 저래도 괜찮다며 해맑게 웃어보자.

인생은 정답이 누락된 시험문제 같아서
답이 없는 질문만 존재할 뿐이고,
결국엔 모든 선택이 정답이 되지.

작은 솜사탕 하나가 아이의 세상을
온통 분홍빛으로 물들이듯
오늘만큼은 솜사탕같이 가볍게 생각해보자.
다 잘 될 거라고. 잘되지 않아도 괜찮을 거라고.

잘하고 있다

요즘 많이 무기력해 보이네. 매일 같은 내용의
일기를 적고서 하루를 일찍 덮어버리는 일이 잦나 봐.
바닥 밑에도 바닥이 있다는 사실을 마주했나 봐.

사실 나도 요즘 그랬어. 와이퍼같이 깡마른 손으로
눈물을 닦아대도 앞길은 성에가 낀 듯 불투명했지.
지금은 누군가의 안줏거리가 되는 초라한 순간들이
훗날엔 나의 화려한 안줏거리가 되리라 다짐하며
나는 내게 물었지. 나 잘하고 있는 걸까?

내게 물었으니 나는 정답을 말했어.
최선의 상황은 아니지만
너는 최선을 다했다고. 잘하고 있다고.
잘 견뎌온 네가 자랑스럽다고. 참 대견하다고.
네가 내린 결정을 믿고 지금처럼만 하면 된다고.

강줄기

천천히 일어나. 손바닥에 묻었던 흙 털어 내고
어깨 펴고 다시 살아가 보자.

조금 늦게 출발했으면 뭐 어때, 조금 멈췄으면 뭐 어때.
느린 발라드로 살아가면 되는 거지.
세상에 나를 천천히 들려주면 되는 거지.
멈추고 쉬었다가 다시 재생해도 큰 문제 없어.

이번 주만이라도 좋아.
억지로 힘내서 나아가려 말고
그냥 흘러가기만 하자.

때로는 그렇게 강줄기처럼
흘러가기만 해도 충분한 거야.

그것만으로 정말 잘 하고 있는 거야.
그저 흐르다 보면 언젠가 꼭 바다에 닿을 거야.

다시 일어서면 돼

긍정적인 성격을 가지고 살면 참 아플 때가 많아.
힘겨운 상황에서도 버티기 힘든 상황에서도
자신에게 괜찮을 거야, 말해주며 다독이며 살아가지.

아등바등하며 어떻게든 살아내는 모습이
가엾게 느껴질 때, 이런 내가 초라하게 느껴질 때
세상에서 가장 못난 얼굴이 되어 울기도 해.

그럼에도 포기하지 않았잖아.
설움을 삼켜 내고 다시 일어섰잖아.
그 소중한 마음을 절대 잃지 않았으면 좋겠어.
'내가 잘못 살고 있는 걸까'하며
작아지지 않았으면 좋겠어.

버렸던 자존심 다시 챙기자. 너는 초라하지 않아.
누구보다 큰 사람이야. 무시당해도 되는 사람이 아니야.
마음 고쳐먹고, 어깨 쫙 펴고, 신발 끈 꽉 묶고,
주먹 불끈 쥐고, 눈 부릅뜨고 다시 살아가 보자.

지금껏 해 온 것처럼 다시 일어나자.

괜찮아도 괜찮고, 괜찮지 않아도 괜찮아.
그냥 있는 그대로도 괜찮아.
다시 다짐하고 다시 살아가면 되는 거야.

잃어본 사람은 소중함을 알고
바닥에 있어 본 사람은 간절함을 아니까.
내일의 나는 오늘보다 강할 거니까.

툭

툭, 하면 울던 날들이 쌓이고 쌓이면
툭, 하고 내려놓아 지는 날이 온다.

내려놓음은 첫눈처럼 갑작스레 찾아온다,
어느 순간 폭풍처럼 휘몰아치던 감정이 고요해지고
믿을 수 없을 만큼 덤덤해진다는 건
더 이상 무거운 마음을 감당할 수 없어
툭, 하고 놓쳐버렸다는 뜻이다.

아팠던 만큼 후회는 남지 않고
최선을 다했던 만큼 미련도 남지 않는다.

차분히 가라앉은 마음은
아팠던 날들에 대한 작은 선물이 된다.
더 강해진 내가 되는 큰 발판이 된다.

그뿐이다

운이 좋지 않았을 뿐이다.
당신의 잘못이 아니다.
인연이 아니었을 뿐이다.
당신은 괜찮은 사람이다.
때가 아니었을 뿐이다.
당신은 충분히 노력했다.

언젠가는

언젠가는, 누군가는 알아줄 날을 기다린다.
시간이 흐른 뒤에 덤덤하게 말할 순간을 기다린다.
아무도 몰랐겠지만 참 많은 일을 겪어 왔었다고
여기까지 오는 게 쉬운 일만은 아니었다고 말할 날을.

그렇기에 오늘도 다짐한다. 숱하게 흔들렸던 밤들과
나 자신이 애처로웠던 순간들과,
억울하고 서러웠던 순간들과,
장작처럼 굳어버린 표정들을 한데 모아
마음속 모닥불에 던져 넣고서
참고 지냈던 날들이 헛되지 않았음을 보여주리라.

꽃을 피우는 데 중요한 건 기다림과
인내였다는 것을 증명하리라고.

일기장

마음의 일기장에 오늘도 바쁜 하루를 적었습니다.
처음엔 분명 예쁜 글씨로 적었는데
끝까지 잘 써보려고 노력했는데
마지막 문장을 향할수록 글씨는 날아가고
나만 알아보는 글씨로 적혀갑니다.

서럽지만 그 일기는 나만 읽을 수 있습니다.
오늘 하루가 얼마나 벅찼는지,
얼마나 견디기 힘들었는지.

조금 못났던 오늘의 일기는 뒤로 하고
내일은 처음부터 투박한 필체로 적어 내려갈까 봐요.
나 오늘 정말 고생 많았다고
예쁘게 적어줄 마지막 문장을 위해.

당신

당신은 다른 사람들이 생각하는 것처럼
강한 사람이 아니었죠.
보이지 않는 곳에서 참 많이 울었을 테니까요.

당신은 당신이 생각하는 것처럼 약한 사람이 아니었죠.
지금껏 힘들어도 견뎌냈고 이겨냈으니까요.

그러니 힘들겠지만, 함께 견뎌 봐요.
우리는 존재한다는 것으로, 살아온 삶 자체로
강한 사람임이 증명되었으니까요.

벤치

나 잘하고 있는 건가요?

유독 생각이 많은 날 놀이터 앞 벤치에 앉아 생각했지.
바람에 섞인 한숨이 날아가 누군가 호흡했으면 좋겠다.
멀리서나마 내게 응, 이라고 뱉어줬으면 좋겠다.
외로운 사람끼리 서로의 삶을 내쉬고 뱉어줬으면 좋겠다.
그러다 문득 또 생각했지.
놀이터의 흙이 모래사장이면 좋겠다.

누군가 바다처럼
푸른 다정함으로 다가와 줬으면 좋겠다.

몇 겹의 품속으로
그 품의 보풀 사이 사이로 도망가고 싶다.

혼자 괜찮아지는 방법을 수도 없이
연구하던 벤치 위의 나.
따뜻한 관심을 덮고 싶었던 그 날의 나.

아무도

아무도 알아주지 않아도 매일 노력하며
나 자신에게 성의를 보였던 이유는
마음의 결정을 내려야 할 때
미련을 두고 싶지 않아서였다.

일도 인간관계도 항상 최선을 다했다.
내가 최선을 다했다는 것을 인지한다는 것은
마음의 결정을 내릴 때
가장 큰 용기이자 근거가 되었다.
어딘가를, 누군가를 떠남에 있어서
미련보다는 떳떳함을 남기게 해주었다.

지금 하고 있는 노력을 누군가 알아주지 않아
서운할 때도 있겠지만
나 자신에게 보여주는 것만으로도 괜찮다.
언젠가 가장 큰 힘이 될 테니까.

인생 그래프

인터넷에 인생 그래프를 검색해봤어.
죄다 산등성이를 닮은 모양이더라고.
살아가며 찍히는 점과 점 사이엔
오르막 혹은 내리막만 존재하더라고.

그러니 지금 느끼는 불안과 무기력이
오래 지속되어 왔더라도, 지속되더라도
내일도 지속된다 해도 겁먹을 필요 없겠더라고.
살아가고 있다는 뜻이더라고.

지금까지의 내 삶이 증명하듯
끝없는 내리막은 없고 긴 경사로만 있을 뿐이더라고.

흐림

비 내릴 듯 말 듯 하는 하늘을 보며
이렇게 계속 흐릴 바에는
차라리 비가 아주 쏟아져 내렸으면 했다.

그러고 보니 내 마음에도
비슷한 바람을 하곤 했다.

어쩔 도리 없는 일

마음의 결정엔 어쩔 도리 없는 일이나
계기가 필요하곤 해.

그러니 지금 고민하는 시간들이
결코 헛된 시간이 아니야.

생각과 고민이 쌓여 가다 보면 언젠가
툭 하고 결정을 내리는 날이 분명 올 거야.
오래 생각해 왔던 만큼 확신 있을 거고
후련할 거야. 그냥 나를 믿으면 되는 거야.

언젠가 시간이 데려다줄 그날의 나를.

장미

벼락처럼 찾아온 사랑에 목을 꺾고서
그 애의 작은 관심으로 피어나곤 했던 마음속 장미야.
꽃말은 시간과 함께 짓밟혔지만 마음에 남아 있는
가시 꽃대는 외로움이 잡초처럼 무성한 이 무덤이
붉은 정원이었음을 알게 해.

그렇게 당하고도 속절없이 마음을 내주고야 마네.
사랑이 뚫려버린 자리엔 사랑밖에 덧댈 게 없기에,
이제야 조금 살만해졌음에도.

자명 시계

당신을 만나기 위해 시계 반대 방향으로 걷는 동안
삶은 속절없이 시계 방향으로 흘렀고
시계 침이 서로 마주 볼 때마다 문득 당신이 없다는 걸
깨닫고는 자명종처럼 울어버렸다.

욕심

욕심 많은 사랑이었다. 네게 소중한 사람이고 싶었다.
네 마음의 화상 자국을 내가 가려주고 싶었다.
오랜 시간 곁에 머물며 자주 불안해하는 너에게
안정감을 주고 싶었다.

어린 시절로부터 온 결핍을 채워주고 싶었고
못다 받은 가족의 사랑을 내가 대신 주고 싶었다.
둘도 없는 사랑이자 영혼의 혈연,
가장 친한 친구이고 싶었다.

나에게만큼은 사랑이 그랬다.
너에게만큼은 무엇도 계산적이지 않았다.
내 사랑의 방식은 내가 받고 싶은 사랑이었고
너를 나처럼 사랑했다.

나는 이 말을 두고두고 하고 싶었다.
그리고 내 사랑이 빗나갔다는 사실에
혼자 자주 울곤 했다.

3장. 가을 바다

나랑 ──── 외롭지 않게 있자

인연

만남에도 인연이 있었듯 이별에도 인연이 있었음을.
마음이 많이 아프고 쓰려도
끝나야만 하는 관계가 있었음을.

노력만으로 이뤄질 수 없는
그저 여기까지인 인연이 있었음을.

나와 상대방의 마음의 크기는
절대 동일할 수 없다는 것.
노력으로 안 되는 부분이 분명히 존재한다는 것.
노력해봐도 인연이 딱 거기까지인 사람들이 있다는 것.
관계를 대함에 있어 똑 부러지는 사람이 되자 다짐해도
그게 말처럼 쉽지 않고, 아무리 단단히 쌓아 가더라도
한 번의 부딪힘에 모든 게 붕괴 되기도 한다는 것.
모든 사람이 날 좋아할 수는 없다는 것.
나와 맞지 않는 사람이 꽤 많이 존재한다는 것.

그럴수록 관계의 해상도를 낮추는 연습을 하는 중.
마음의 도수가 높아질수록 선명하게 보이고
너무 선명하면, 보고 싶지 않은 것들까지도 보이기에.

사소한 표정, 말투에서 보이곤 하는 오해, 질투, 시기,
미움을 애써 보려 하지 않고.
내가 보고 듣는 것만이 전부인 듯
너무 많이 생각하지 않고,
너무 많이 기대하지 않고,
관계를 너무 멀리 내다보지도 않고.
누군가가 좋아하는 내가 아닌
나의 진짜 모습으로 살아가기.

단 하나의 관계를 눈에 걸친 채 세상을 마주하다
완전히 시력을 잃어버리는 일은 한 번의 경험으로
충분했을 테니.

/ 후회

잘한 일이었을까요.
맞는 선택이었을까요.
그때 그랬더라면
그때 그러지 않았더라면 지금의
나는 다른 삶을 살고 있었을까요.

어쩌면 우리가 아직 우리였을까요.
살아간다는 게 원래 추억을 곱씹다
단물이 빠지면 후회를 뱉어내는 일인 걸까요.

파도 같은 삶

바다같이 매일 파도가 이는 게 삶이기에
섬처럼 늘 같은 자리에 머물러 있는
안정적인 관계를 바라왔던 거겠지.

서로가 흔들리면 다가가 닻을 내리고
외로움에 구명조끼를 채워주고선
방파제 위의 갈매기처럼 그저 곁을 지켜주는,
밤이 깊을 땐 서로의 등을 등대처럼 따르며
함께 무사히 지나가자, 하고 응원해 주는,

그럼에도 불구하고 기꺼이
나와 함께해주는 그런 존재를.

역시나

오늘도 역시나였지만, 날이 더워져서인지
조금 더 무기력하고 피곤하기도 했지만
그래도 하루의 머리를 쓰다듬어볼까.

큰 탈 없이 나름 멀쩡한 모양으로 흘러갔으니
작은 탈은 있었지만 언제나처럼 잘 보냈으니
이 정도면 나쁘지 않은 하루였다 여겨 볼까.

억지로라도 자꾸 집착하게 되는 그 생각에서
멀어져야지. 좋은 게 좋은 거라고 믿고서
온종일 수고한 내게 좋은 기분을 선물해야지.

나만 또

또 나만 진심이었지.

아직도 가는 이를 붙잡으며 오는 이를 막아서곤 한다.
한번 내 편인 사람은 영원한 내 편이라 믿으며 마음을
다 준다.

교과서처럼 내려오는 인간관계의 원칙을 공부했지만
마음은 원칙을 외면하는 게 분명하다.
마음은 적당히 거리를 두는 게 뭔지 아직도 모른다.
많은 경험 덕에 담담히 받아들이면서도
아픔은 여전하다.

시절 인연을 읊으며 지나간 인연에
미련을 두지 않으려하면서도 여전히 돌아본다.

상처 있던 자리에 생긴 몇 겹의 딱지는
결국 떨어져 나가고 아무 일 없던 듯 새살이 돋는다.

그래, 난 관계를 대할 때 늘 처음과 같은 것을
인정하기로 했다.

의심만 늘어났지만 여전히 또 나는 진심인 것을.

화상

무릇 마음의 상처는 화상과도 같은 것이기에
차갑던 곳이 아닌 따뜻했던 곳에서 피어나곤 했지.
가까운 사이일수록 알아주길 바라게 되고
바랄수록 크게 데이곤 했으니.

털어놓은 내 비밀이 약점이 되고
그렇게 내 모든 약점이 비밀이 되면서부터
나를 너무 잘 아는 누군가에게 속마음을 털어놓기
어려울 때가 잦아졌지.
내가 누구인지, 무슨 일을 하는지도 모르는 내 삶
바깥에 있는 제삼자의 위로가 필요했던 거야.
눈앞의 가로등 너머 먼 곳에서 나를 비추는 달빛이.

그래서 난 밤하늘처럼 빈 종이에 위로들을 별처럼
걸어두고 널 기다리고 있었어.
네 일기의 바깥에서 널 위로하는 누군가가
내가 되어주고 싶어서.
우리의 밤이 조금 더 밝았으면 해서.

시절인연(時節因緣)

: 모든 인연에는 오고 가는 시기가 있다.
굳이 애쓰지 않아도 만날 인연은 만나게 되어 있고
아무리 애써도 지나가는 인연은 지나간다.

내 작은 세상에서 소중한 누군가가 사라지는 일.
알고 지낸 모든 시간과 그 시간 속에서 달라진 나도
전부 함께 사라지는 것만 같아서.

이별은 참 고통스러운 일이지만 겪다 보니
분명히 알게 된 것.
모든 인연엔 때가 있다는 것.
삶 자체가 원래 시간에 따라 흘러가는 것이듯
인연도 그렇다는 것.

그러니 지나간 인연에 메이지 말 것.
앞으로 내게 다가올 또 다른 인연을 기다리며 그들에게
좋은 향기로 남을 수 있도록 그저 나를 가꿔나갈 것.

혼자인 날에도

인적 드문 바닷가 같은 날이 있지. 내가 찾는 사람도,
나를 찾는 사람도 없어 유난히 혼자라고 느껴지는 날.
마음속 잡음만 끼룩끼룩 들려오는 날.
나 자신을 보살피기 위해서는 혼자만의 시간도
잘 채워나가야 할 줄 알아야겠지만
괜스레 외로움을 견디기 어려워 삐걱대는 마음을 절며
누군가를 찾아 나서다 결국 다시 혼자이게 되는 날.

그런 날들 내게도 많이 있었지. 힘들었던 시간들은
문신처럼 새겨졌지만 그때 곁에 있었던 사람들은
마음속 숲에 문신보다 깊게 뿌리 내렸고 그 기억이
존재하는 한 나는 아직 울창한 산과 같음을 깨닫곤 해.

그러니 이 외로움이 영원할 거라는 생각을
미신처럼 따르며 괴로워하지는 말아야지.
따뜻했던 기억을 고장 난 마음에 덧대야지.
나를 아껴줬고 아껴주고, 아껴줄 사람.
생각 바깥에는 늘 더 많이 있었으니.

가끔

가끔 내가 답을 못 찾고 헤매고 있을 때
당신의 답이라도 말해줄래요.

가끔 내가 몸이 안 좋다고 말할 때
그때만큼은 내게 져줄래요.

가끔 내가 바람 쐬고 싶다 말할 때
집 앞 공원이라도 같이 가줄래요.

가끔 내가 혼자 있고 싶다 말할 때
그냥 한번 안아 줄래요.

그만 아플 때도 됐어

나는 네가 자꾸 상처받으면서
원래 있던 자리로 돌아가려 애쓰지 않았으면 좋겠어.

너 있는 그대로를 사랑해 줄 사람
불안한 마음과 서운함을 털어놓으면 안아줄 사람
네 섬세한 감정선과 결이 맞는 사람

세상에 분명히 존재해.
끝을 너무 두려워만 하지 마.

너, 네가 생각하는 것보다
누군가에겐 훨씬 더 소중한 사람이고
사랑받아 마땅한 존재야.

너 이렇게 상처받는 거 절대 당연한 일 아니야.
널 함부로 대할 수 있는 사람은 우주 아래 없어.
이제 그만 아플 때도 됐어.

파도의 삶

잔잔하다
이리저리 흔들리다
결국 끝까지 밀려나 부딪히고
하얗게 부서지고 나서야
다시 잔잔한 바다로
되돌아가는 게

파도의 삶.
어쩌면 우리의 삶.

별에게

만일 우리가 우리인 세계가 어딘가에
또 존재한다면 그곳에서는 너를 잃지 않을게.

네 미소가 창백해지지 않도록 스스로에게 숱하게
건네 온 질문에 대한 답을 핏줄로 흘려보낼게.

네가 일찍 저물지 않도록
네 하루의 끝을 붙잡고 서 있을게.
하얀 욕조에 앉아 표류하던 바다에,
하늘과 만나는 수평선의 문턱에
아무도 없지 않을 거야.
그곳에서는 너의 고장이 너의 탓이 아닐 거야.

네 별자리는 베고 누울 때마다 이리도 아늑한데
너는 얼마나 추웠을까.

걱정 말아,
그곳에서는 내가 절대 당신을 잃지 않을게.

도란도란

어젯밤 꾼 신기한 꿈 이야기. 아침에 평소보다
10분 늦게 일어나 헐레벌떡 나갔다는 이야기.
아침밥을 못 먹어서 대신
초코바 하나 들고 나갔다는 이야기.

저번에 아팠던 곳이 더 아파져서
병원에 가봐야 하나 고민 중이라는 이야기.
오늘도 그 사람 때문에 힘들었다는 이야기.
우산을 챙겨오지 않아 가까운 편의점에서 하나 샀는데
우산 사는 건 왜 이렇게
돈이 아까운지 모르겠다는 이야기.
요즘 먹고 싶은 디저트 이야기.
요즘 사고 싶은 옷 이야기.

도란도란 작은 이야기를 나눌 수 있는 사람.
하루에 있었던 일을 기차처럼 나열하면
귀에 철로를 내고 종착지로
자신의 마음 까지 가는 길을 내어주는 사람이 좋다.

내 이야기를 흥미로운 영화의
쿠키 영상처럼 봐주는 사람.

내 하루가 끝나기를 기다려주는 사람.

내 관심사를 본인의 관심사인 듯 궁금해하는
호기심 어린 눈빛을 가진 사람.

점심을 거른 이야기를 할 때면 걱정해주는 사람.
오늘도 그 사람 때문에 힘들었다 말하면
나보다 더 화내주는 사람.

내게 문제가 생기면 마치 본인의 일인 듯
해결책을 찾아주려 애쓰는 사람.

나의 소소한 하루는 관심으로부터 빛나고
관심으로부터 자유로워지며 관심으로 완성된다.

사람은 혼자 태어나 혼자 죽는 것이라지만
그 두 찰나 사이에는 많은 사람이 다녀갈 것이기에
내가 먼저 좋은 사람이 되어 좋은 사람들이
곁에 머무를 수 있도록 최선을 다해야지.

녹슨 출입문

아무도 들르지 않는 마음에는 녹슨 출입문이 있다.
살아야만 하는 이유들을 모아 진정제처럼 털어 넣고서
혼자 괜찮아지는 방법을 과학자처럼 연구하는 밤.

낯선 상처는 서투르지 않게 꿰매지만,
익숙한 상처를 꿰매는 데는 여전히 서투른 밤.

남들보다 조금은 긴 하루를 마감할 때면
작은 관심이, 흔하지만 흔치 않은
작은 한마디가 그리워진다.

어디에나 있지만 막상 듣기는 어려웠던 그 말.
오늘 하루도 수고했다는 한마디가.

트라우마

나의 트라우마에게.

차라리 사고라도 났으면 좋겠다고, 그냥 이대로
쓰러져서 입원이라도 했으면 좋겠다고 생각했던 시절.
지옥인 줄 알면서도 발걸음을 옮겨야만 했던 곳.
편히 숨 쉴 수 없어 깊은 한숨으로만 호흡했던 시간.
매 순간 긴장을 놓지 못해 팽팽하게 당겨진 심장.
그렇게 입술은 조금씩 뜯겨 나갔지.

행복을 훔치려는 사람들에게서 밝은 아이의 웃음을
지켜내지 못한 내가 내게 지은 죄를 용서해 보는 밤.

문신처럼 새겨진 트라우마에 지그시 눈을 맞추고,
잘 견뎌낸 내게 따뜻한 눈물을
비처럼 쏟고서 괜찮다고,
이제 안심하라고,
걱정하지 말라고 토닥이고 토닥이는 밤.

그런 사람

그런 사람 때문에 아프기엔
너는 너무 소중한 사람이란다.

할 수 있는 만큼 했으니
이제 그만 놓아주어도 괜찮단다.

그 사람을 절대 알아주지 않았으니
너만은 꼭 애썼던 자신의 노력을 알아주렴.

혼자 참아왔던 날들을 꼭 기억하렴.
소중한 사람아, 아픈 관계를 당연히 여기지 말렴.

밤

나 사실 많이 지쳐있어. 회복할 시간이 필요한 것 같아.
여름을 정통으로 맞은 탓인가,
습한 날씨를 견뎌내는 게 이렇게 힘든 일이었는지.

무기력하게 하루를 보내다 얽혀 있는 생각들을
정리하지 못한 채 잠에 들기 일쑤.

일상에서 재미를 찾는 일이
네잎 클로버를 찾는 것만 같고
오늘이 무슨 요일이었는지마저 가끔 잊어버리곤 해.

누가 그러는데 살아간다는 게 원래 그냥 힘든 거라더라.
열심히 달리기만 하면 금세 지치는 법이라고.

그렇기에 난, 몰아치는 파도가 삶의 전부인 줄만 아는
갈매기처럼 밤만 되면 불 꺼진 등대에 앉아 하염없이
기다리는 거지. 밝아올 다음 날이 아닌
이 밤을 구원해줄 누군가를.

기대

상처를 많이 받아서일까. 늘 좋은 사람과의
만남을 기대하고 기다리며 사는 것 같다.

모든 사람이 날 좋아할 수는 없다는 걸 알고 있어도
막상 누군가 날 좋아하지 않는 것 같으면
상처받으니까. 누군가 뱉은 무딘 말 한마디에도
속절없이 베여버리니까.

미움받는 것 같으면 심장이 저리고 아파 오니까.
참고 참다가 화를 내면서도 상대의 반응과 마음이
걱정되니까. 이런 내가 싫어 똑 부러지는 사람이 되자
다짐해도 그게 말처럼 쉽지는 않으니까.
인간관계가 쉽지 않은 거겠지.

그럼에도 사람을 떠나 살 수 없는 건 사람에게
받은 상처는 사람의 다정함이 특효약이기 때문인 거고.
그렇기에 우리는 늘 좋은 사람과의 만남을 기대하며
기다리고 사는 거겠지.

폭포

눈을 감았다 뜨면 이게 다 꿈이었으면 했지.
떨어지는 폭포를 동경하며 매일 밤 죽음 너머를
상상하곤 내가 사라진 세상을 반쯤
풀린 눈으로 바라봤던 거야.

행복은 아주 먼 과거와
아주 먼 미래에만 존재하는 듯했고
하루라도 편할 리 없는 마음에 영원한 잠을 꿈꾸었지.

그럼에도 악착같이 살아낸 건,
죽을 용기보다 어려운 살아갈 용기를 택했기 때문에
행복은 분명 존재했기 때문에
누군가 내게 건넨 따뜻함이
두 발목을 감싸 안았기 때문에
나도 사실은 나를 닮은
누군가에게 따뜻함이 되어주고 싶었기 때문에
짙푸른 다정을 건네고 싶었기 때문에.

그만 데이고 싶다

세상 사람들은 모두 착한 줄만 알았고
공부는 열심히만 하면 되는 줄 알았고
취업은 하기만 하면 되는 줄 알았고
직장은 버티기만 하면 되는 줄 알았고
친구는 모두 내 편인 줄만 알았고
사랑은 절대 변하지 않을 줄만 알았고
정직한 사람만이 승리하는 줄 알았지.
어긋난 나의 무지갯빛 세상을 받아들이는 일이
어른이 되어가는 일과 같다면
나는 평생 어린아이의 시선으로 살고 싶다.

세상에 이제 그만 데이고 싶다.

피고 짐

어릴 땐 꽃을 보며 그냥 예쁘다고 생각했다.
어른들의 호들갑에 완전히 공감하지 못한 채로.
그런데 나이가 들어갈수록 꽃이 점점 예뻐 보이네.
영원히 피어있을 줄 알았던 사랑도, 사람도, 웃음도
어느 순간 시들어버렸고 말라비틀어진 거친 흙 같은
삶에서도 꽃은 반드시 다시 피어났지.

피고 짐, 그리고 다시 핌.
계절처럼 반복하다 보니
이제 알게 된 거야, 꽃은 남이 아니라는 걸.

마음은 왜 보이지 않는가요

마음이 아픈 건 왜 눈에 보이지 않는가요.
왜 표현해야만 다른 사람이 알아채게 하셨나요.

나 너무 힘들어라고 말하며 울상 짓는 게,
누군가를 걱정시키는 게 죽기보다 싫은 저는
어떻게 살아가라는 건가요.

우울에 삼켜질 때마다 누가 심장을 쥐는 것 같은
통증은 어디로 부터 오는 건가요.
또 그 지독한 마음에선 어떻게 벗어나나요.

사실 우리는 거꾸로 가지고 있는가 봐요.

해결책은 그 누구도 아닌 내가 가지고 있고
알아주며 토닥이는 건 내가 아닌 누군가만이 가능하고.

까칠한 말

사포같이 까칠한 말 몇 마디에 마음의 껍질은
쉽게 벗겨지고 굳은살 없는 무른 마음에
아이처럼 자주 울곤 했지.
툭하면 어딘가로 숨어버렸던 거야.

눈물을 흔적 없이 닦아내는 일은
지켜내야 할 마지막 자존심.
이모티콘처럼 늘 웃는 모습으로 지내는 건
사회인의 의무.

미처 하지 못한 말들을 콜록일 뿐,
쉽게 나을 리 없는 독감 같은 상처.

그런 내 얼굴의 그림자를 걷어내는 건
누군가의 따뜻한 한마디, 따뜻한 문장이었다.
오늘 많이 힘들었냐고, 그 사람 참 못됐다고,
정말 고생 많았겠다고.

하루를 알아주는 삭은 토닥임은
의심의 여지 없이 날 살게 해.

그러니까,
나는 꼭 누군가에게 따뜻한 문장이 되기로 했다.
예쁘게 말하는 사람이 되어 예쁘게 말하는 사람들을
곁에 두기로 했다.

한숨

추적거리는 빗소리가 듣고 싶은 요즘.
온 우주가 차분히 젖어가는 냄새가 그립다.

잠시 쉬고 싶어도 쉴 수 있는 게 숨뿐이라서
부쩍 한숨이 늘어났다.

모두 한숨 좀 그만 쉬라고 하지만, 그저 답답한 가슴에
신선한 공기를 담고 싶어서 깊게 쉬는 숨인걸.

이런 날엔 나만 빼고 다들 잘 사는 것 같이 느껴진다.
그럴 땐 나를 빼지 않기로 한다.

최소한 나를 더한 세상은
모두 잘살고 있지만은 않은 거니까.

이다지도 삐뚤어지고 싶은 날이다.
내가 아닌 내가 되고픈 날.

평소에 입지 않는 스타일의 옷을 입고 싶은 날.
세상에 맞지 않는 퍼즐이 되어
아무것도 완성 시키지 않고픈 날.

평소에 누구보다 밝고 긍정적인 사람이라도
세상을 마음껏 미워하고 싶은 날이 있다.
그리고 마음껏 그래도 되는 날이 있다.

어차피 내일이 오면
아무 일 없던 듯 평소처럼 살아갈 테니까.

마음의 감기

너는 도대체 뭐가 그렇게 힘드냐고 물으신다면
바라는 대로 딱히 할 말이 없어요.
도대체 내가 왜 그렇게 힘들까 생각해 봐도
나조차도 적당한 정답을 내릴 수 없으니까요.

모든 사람은 그 나름대로 힘든 게 있겠죠.
아무리 작고 하찮은 가시여도 박히면
많이 아플 수 있어요.

누군가에게는 배부른 소리가
누군가에게는 위로에 굶주린 소리일 수 있어요.

그저 마음의 일교차가 커서 감기에 걸린 거예요.
감기에 왜 걸렸는지보다 중요한 건
그래서 열은 없는지. 몸은 괜찮은 지예요.
감기인지 아닌지 정확하게 아는 사람은
의사가 아니라 바로 자기 자신이거든요.

나를 미워하는 사람에게

애 많이 썼다. 노력도 정말 많이 했다.
나를 미워하는 당신을 이해해 보려고 했다.
심지어 잘 보이고 싶었다. 그렇게 하면 당신이
나를 미워하는 마음을 조금이라도 거두어 줄까 봐.

표정도 마음도 숨기며 웃는 낯으로 대했다.
자존심도 내팽개친 채 오히려 인정받고
사랑받으려 했다. 좋은 사람이 되기 위해,
나는 작은 나를 죽였다.

그러나 마음의 문을 닫아도 상처는 비집고 들어왔지.
몇 개의 가면을 겹쳐 써도 표정을 숨기기 힘들어졌지.
정말 그러고 싶지 않았지만 결국에는 깨달았다.

나를 싫어하는 사람까지 온정으로 품는 데는
한계가 있다는 것을.
당신을 더 미워하지 않기 위해서는
내 삶의 울타리에서 당신을 내보내야 한다는 것을.

당신이 나를 미워하는 것의 두 곱절로
내가 당신을 밀어내야
온전한 마음으로 살아갈 수 있다는 것을.

함께하는 사람

일이 정말 힘들 때, 환경이 어려울 때,
버텨 낼 수 있는 힘은 함께하는 사람에게서 온다.
아무리 환경이 좋고 일이 편해도
함께하는 사람이 나를 힘들게 한다면, 버티기가 어렵다.

가만히 생각해보면 힘든 일보다 더 힘든 일은
힘들 때 의지할 사람이 없다는 것이었고,
외로울 때 연락할 사람이 없다는 것이었다.

삶의 행복을 위해
가장 중요한 것은 함께하는 사람이다.
좋은 사람들을 절대 놓치지 말자.
내게 마음을 주는 사람에게 더 큰 마음을 주자.
최선을 다해 표현하자.

내가 건넨 따뜻한 말 한마디에
상대방은 자신의 온기를 덧대어 내게 돌려줄 테니까.

남의 일기

아무에게나 말할 수 없어
아무한테도 말하지 못하고 있을 때
사뭇 다른 사람들의 일기장이 궁금해졌지.

'나만 힘든 걸까?'라는 질문에
'아니야'라고 대답해줄 것만 같아서.

그 익명의 포옹이라면 낙엽처럼 말라버린
눈가에도 가을비가 내릴 것만 같아서.

그 포옹이라면 들키지 않은 채로
몰래 위로받고 싶었던,
자존심이라는 이름 아래 꺼내지 못했던
무명의 상처들이 편안하게 눈을 감을 수 있을 것 같다.

촛농

남들에게 밝아 보이기 위해
나는 나를 녹이고 태웁니다,
촛불 바로 아래 멀지 않은 곳
촛농 같은 눈물을 뚝뚝 떨구는 내가 있습니다.

주위가 밝아오고 비로소 남들에게 잘 보이지 않게 되면
불을 잠시 꺼두고 딱딱하게 굳어갑니다.

책임

모든 걸 책임지려 하지 말기.
나 자신을 탓하며 가슴 아파하지 말기.
힘들 때 힘들다고 말해보기.
그동안 아팠던 게 엄살이 아니란 것을 기억하기.

나를 모르는 사람이 뱉은 말에 상처받았을 땐
나를 가장 잘 아는 내가 그런 거 아니라고,
너 참 괜찮고 좋은 사람이라고 말해주기.

다 포기하고 싶어질 땐,
목숨을 제외한 모든 걸 포기해 보기.
재정비해 보기.

누구보다 내가 잘되기 바라는 나 자신을
애틋하고 애틋하게 사랑하며 살아가기.

놓아 보는 거야

꼭 기억하고 가슴에 문신처럼 새겨줘.
누구도 네게 상처 줄 권리는 없어.
네가 그렇게 상처받을 이유도 없어.
수도 없이 연습했잖아.

그만하자고.
그만두자고.
대본처럼 외워 왔잖아.

혼자가 아니야, 오늘은 내가 너만 생각할게.
그러니까 오늘은 너도 너만 생각하는 거야.
고민했던 시간들을 믿고서 과감하게
놓아 보는 거야. 더 상처받기에는
너는 너무나 좋은 사람이니까.

스탠드

마음에 어둠이 드리울 때, 괜스레 혼자 있고 싶을 때
들키고 싶지 않은 감정들에 빠져 있을 때가 있다.

그럴 땐 나를 비추는 빛을 피해 동굴 속으로 숨곤 한다.
어두운 공간은 남에게 보여주고 싶지 않은 모습을 가려
주기 때문에, 오로지 내가 나일 수 있는 곳이기에.

그럴 때 내게 필요한 건 밝은 형광등 같은 사람이 아닌
은은한 스탠드 조명 같은 사람이었다. 아무 말 않고서
따뜻한 품에 안길 수 있는 사람.

흘리던 눈물을 급하게 닦아내고서
맞이하지 않아도 되는 사람.

억지로 밝은 척하지 않고 내 우울한 감정을
보여줘도 괜찮은 사람.
그렇게 나를 서서히 밝혀주는 그라데이션 같은 사람.

망가지고서야

망가지고 나서야 누릴 수 있는 것.

하나, 애써 붙잡고 있던 것들을 놓을 용기.
둘, 불안함이 사라진 자리에 찾아오는 덤덤함.
셋, 내가 원하는 모습으로 다시 쌓을 수 있는 기회.

감정의 바다에 빠져 무엇도 손에 잡히지 않을 땐
이젠 그냥 파도에 휩쓸려 버린다.
완벽히 망가져 버린다.

모래성처럼 위태롭게 서 있는 대신
모래사장이 되어버린다.
망가졌을 때만 누릴 수 있는 것들을 알았기 때문에.

애써 붙잡고 있던 것들을 놓을 용기와
불안감이 사라진 자리에 찾아오는 덤덤함.
더 이상 꺼질 일 없는 차가운 밑바닥의 온도와
더 잃을 게 남아 있지 않은 빈 소라 껍데기 같은 마음.

폭풍이 다 지나고 나면 다시 모래를 쥐고서
내가 원하는 모습으로 다시 쌓아 가면 되는 일이다.
다른 무언가로, 누군가로 다시 채워가면 될 일이다.

고장

고장 난 가슴을 삐거덕거리며 참 멀리도 걸어왔다.
누군가의 얼굴에 예쁜 웃음꽃이 피어났으면 해서
나는 반가운 마음으로 한 줌 흙이 되어주었고,
누군가의 밤이 마냥 캄캄하지 않았으면 해서
내가 가진 별을 다 내주고서야 하루를 마감했지.

이제 와 보니 나는 내 삶을 누구보다 사랑했으나
그보다도 우리를 더욱 사랑했나 보다.

그래서겠지.
누군가 내게도 건네줄 별을 하염없이 기다리는 까닭은.

정적

언제부터였을까, 방 안의 정적을 견디기 힘들어졌다.
마음이 소란한데 이상하게도 고요함이 아닌
작은 소음들이 필요했다.

혼자 정적을 느낀다는 것은 깊은 고민으로 향하는
지름길이란 걸 알아서일까.

간신히 생각하고 싶지 않은 것들을 멀리 미루어
두었는데 다시 슬금슬금 다가오는 게 싫은가 보다.
소음에 취해 현실의 바깥으로 도망가고 싶은가 보다.

비 오는 날, 빗소리에 유독 차분해지는 이유도
엔진 소음이 가득한 버스 안에서 내다보는
창밖이 유독 안온한 이유도
고요함보다 고요한 소음 덕분이었나 보다.

거절

거절당하는 게 두려워, 오해받는 게 싫어
하고 싶은 말을 쉽게 꺼내지 못했던 날들.
소심하게 비춰질까 눌러 담기만 했던 날들.

이끼 낀 마음에 퍼렇게 독이 스며드는 것을
알면서도 관계의 유지를 더 중요시했던 날들.

왜 그리 몰라줬을까, 내가 내게 전하는 말들을.
나는 나를 사랑하는 방법을 몰랐던 것이다.
변명의 여지 없이 나를 아끼지 않았던 것이다.

세상에서 나를 가장 아껴주는 이가
내 마음속에 사는 작은 나인 줄을
기어코 몰랐던 것이다.

세월은 내게

세월은 내게
더하기보다는
빼기를 가르치고

집착하기보다는
놓는 법을 가르치고

새롭게 관계를 맺는 법 보다는
기존의 관계를 맺는 법을 가르치고

매사에 진지하게 생각하는 법보다는
가볍게 생각하고 넘기는 법을 가르치는구나.

내가 좋은 것들만을 담으려 했었는데
내게 좋은 것들만을 담으라 말하는구나.

연락처

멀어지고 싶지 않은데
자연스레 멀어져 가는 관계들이 있다.
한창 바빴다는 핑계는 있지만
무언가 자연스럽게 연락할 핑계가 없어서
답장을 적어놓은 채 오지 않는 편지를 기다리며.
그렇게 서로의 추억 속에서 대화를 나눈다.

유난히 생일이 기다려지는 이유일까.
나는 딱히 이유 없이 오는 연락도 괜찮은데.
전혀 이상하게 생각하지 않을 텐데.
오히려 먼저 연락해줘서 고맙다고 생각할 텐데.
나는 정말 그런데 당신도 혹시 그럴까.

나이가 들수록 점점 친구가 없어진다고들 한다.
각자의 삶을 살아가다 보면 자의든 타의든 관계가
희미해지는 때가 찾아온다고. 누구는 취업해서 바쁘고,
누구는 결혼하고, 누구는 멀리 이사 가서 살고.

그러다 보면 관계의 끈이 끊어진 게 아님에도
자연스레 멀어지게 된다고.

수백 개의 연락처를 가지고 있고,
프로필에 나와 있는 그 사람의 얼굴을 보면
함께했던 추억이 여전히 재생되는 데도
막상 연락하려면 손이 떨어지질 않아.

아무 이유 없이 연락을 보내볼까 해도 상대방이
부담스러워할까 봐, 좋은 소식이든 나쁜 소식이든
알리고 싶어도 그런 때만 찾는다고 오해받을까 봐.
머뭇거리다 결국엔 안부를 보내지 못하게 된다.

반대로 나를 생각해보면
아무런 이유 없이 오는 연락이 더 고마운데 말이다.

나와 상대방 모두
이 관계를 이어 나갈 의지만 있으면 되는 건데 말이다.

소모품

인간관계에서 상대방에게 느끼는 나의 솔직한
마음을 예의와 배려 있게 표현했다면
그것으로 최선을 다했다고 말할 수 있겠다.

마음속으로 검열하고 긍정적으로 생각해보려고
노력했음에도 잘 인정이 되지 않는 것들을
터놓았을 때. 당신이 그런 생각과 감정을
느낄 수 있다는 것조차 부정하는 상대라면
지난 모든 감정들은 그저 소모된 것일 테니
그냥 딱 거기까지인 것이다.

그리고 나는 그 소중한 시간과 감정과 생각들이,
당신이, 더는 소모되지 않았으면 좋겠다.

종이 달력

어떤 사람에겐 잊고 싶지만
쉽게 잊을 수 없는 기억이 있을 것이다.

다 쓴 과거를 종이 달력처럼 뜯고 구겨
내던져 버리고 싶으면서도 동시에 그게
일기장이었기에, 숨기고 싶은 이야기였기에
다시 줍고 말았을 것이다.

과거가 현재의 발목을 잡지 못하도록
누구보다 밝고 덤덤하게 지내고 있겠지만
그의 시간은 남들보다 조금 더뎠을 것이다.

우리를 묻기에 알맞은 계절

그 해, 우리에게 장마가 시작되었던 때
점점 끝이 다가오는 줄도 모르고 있던 때
거짓말처럼 찾아온 우리의 마지막 날에
그날 비가 아주 많이 쏟아졌다면 네 걸음이
더뎌지지는 않았을까. 그럼 내가 고개를 돌려
너를 붙잡으러 갈 용기를 내지는 않았을까.

네가 벼락같이 떠나 버린 자리에서 뒤늦게
천둥처럼 울어버리는 일은 없었겠지해서.

여름, 더웠던 사랑을 묻어 두기에 적당한 계절
지난 우리를 두고 가기에 알맞은 계절.

겨우

겨우 그 정도로도
서운한 게 사람 마음이지만

겨우 그 정도로도
풀리는 게 사람 마음이더라.

4장. 겨울 바다

나랑 —— 안온히 걸어보자

많이 속상했지

이리와 잠깐 안겨봐.
무슨 일이야, 응?
힘든 일이 있었어? 그 일로 상처를 많이 받았어?
어떻게든 잘해보려 노력했는데 그게 잘 안됐어?

왜 그랬어. 이렇게 망가지고 허물어지는 동안
왜 말하지 않았어. 우는 얼굴 보지 않을게.
이대로 잠시만 있자. 천천히 숨 쉬어. 더 울어.

으이그, 서러웠어.
미안해. 내가 몰라줬다. 그치.
잘 견뎌줘서 고마워.
네가 겪고 있는 일이 잘 해결돼도,
잘 해결되지 않아도 그 과정 옆에 있어 줄게.

괜찮을 거야.
정말 괜찮을 거야.

뭐라도 좀 먹어

요즘 소화도 잘 안되고 입맛도 없다며
마음이 많이 허전한가 보다.
큰 고민을 눈앞에 두고 있나 보다.

빈속으로 아파하지 말고 뭐라도 먹어.
정 안 되겠으면 따뜻한 물이라도 꼭.

몸이 아프면 마음을 강하게 먹고 몸을 아껴주듯
마음이 아플 땐 따뜻한 체온으로
마음을 아껴주는 거야.

무언가 큰일을 앞두고 있을 때,
고민의 고리가 끊기지 않아 팔자로 꼬여버릴 때.
무언가 실수를 저질렀을 때,
누군가와의 관계에 문제가 있을 때,
밥을 온종일 잘 먹지 못하는 버릇이 있다.

가슴이 위랑 연결이라도 된 건지.
입맛도 없고 어떤 음식을 먹어도 잘 소화하지 못한다.
가끔 그렇게 고민을 과식하면 체하곤 한다.

그런 순간이 또 가장 위험하기도 하다.
특히 외로움에 허기지면 아무에게나
기대고 싶은 마음에 좋은 사람인지 아닌지
분간할 새도 없이 마음을 줘버리곤 하니까.

지나 보니 그렇더라고. 외로운 시간,
그걸 견뎌내는 게 분명 쉬운 일이 아니지만,
그 시간을 통해 하나라도 성장하더라고.

내가 온전히 혼자로서 괜찮아지는 순간이 오고 난 후에,
마음이 건강하게 채워진 후에 시작되는 관계가
정말 서로에게 온전한 관계가 되더라고.

당신은 당신이다

누군가의 딸, 누군가의 아들, 누군가의 엄마,
누군가의 아빠이기 전에 당신은 그대로 당신이야.
당신으로서 충분히 사랑받을만해.
당신이 살아온 삶은 그 자체로 충분히 인정받을만해.

좋은 순간들, 좋은 일들이 몰려오면
그 선물 같은 순간을 행복하게 누렸으면 좋겠다.
내가 이렇게 행복해도 되나, 지금도 내 곁의 사람들은
고생하고 있는데 나만 이렇게 좋아도 되는 걸까 하며
죄책감을 느끼지 않았으면 좋겠다.

나의 행복을 절대 누군가에게 허락받지 말기를.
내게 오는 행복은 오직 나만이 누릴 수 있으니.
내가 먼저 행복해야만 주위에 힘든 사람들에게도
힘이 되어줄 수 있으니.

야경

사소한 행복에도 아이처럼 웃어버리는
당신의 웃음 속에는 어떤 아픔이 있나요.
밝은 눈동자 속에는 어떤 슬픔이 감추어져 있나요.
아마 미소 뒤에는 숱하게 견뎌온 밤들이 있었겠지요.
그 어두운 마음에서는 점처럼 작은 행복이라도
모두 별처럼 빛났겠지요.

그래서일까요, 당신은 웃는 모습이 야경처럼 예뻐요.
폭죽처럼 오르는 입꼬리와
별똥별처럼 내리는 눈꼬리는
제 밤하늘까지도 밝게 수놓아요.

당신은 웃는 모습이 가장 잘 어울려요.
그렇게 따뜻하게 웃을 줄 아는 사람이라
더 아팠나 봐요.

따옴표

작은따옴표에 담아두었던 말들을
큰따옴표에 옮겨 담을 때까지 기다릴게.
마음을 고치는 의사는 될 수 없지만
같은 마음을 앓는 친구가 되어줄게.
정답을 알려줄 수는 없지만
문제를 같이 알아줄게.

내 귀에 네 하루를 담을게.
울어도 돼.
눈물 다그치지 않고, 따뜻한 포옹으로
그 눈물 다 그치게 할게.

견디고 있구나

씩씩하게 견디고 있구나. 많이 버거울 텐데.
파도처럼 부서지고 있구나. 많이 아플 텐데.

막 아문 상처에 다른 상처가 박음질 되는 동안
얼마나 아팠을까.

낯선 상처를 서투르지 않게
꿰매기까지 얼마나 혼자 연습했을까.

네 악보에는 4분음표 같은 눈물이 빼곡한데
건반 두드리는 사람 없어 외로움만 먼지처럼 쌓였지.
그런데도 넌 힘든 사람의 건반을 두드리며
따뜻하게 안아주고 있어.

그런 너를 안아주고 싶은데, 나는.
이런 너를 안아주고 싶겠지. 너는.

너도 힘들면서.

포옹

누군가를 안아준다는 건

눈물의 흔적을 발견하고 함께 눈물샘으로 흘러가는 일
찢어지는 마음의 상처에 서로의 마음을 덧대는 일
흔들리는 눈동자에 서로를 담고 함께 흔들리는 일
찢어진 일기장의 조각들을 전부 태우고
따뜻한 문장들로 채워주는 일
서로의 품이 곧 우주가 되는 일
언제나 도망갈 수 있는 바다가 되는 일.

괜찮아?

괜찮아? 더 걸을 수 있겠어? 어디 좀 보자.
이거 봐, 상처가 곪았잖아.
엄살 한번 부리지 않고 이제껏 어떻게 걸어온 거야.

너, 정말 잘하고 싶었구나. 강한 사람이고 싶었구나.
모두에게 좋은 사람일 수 없다는 걸 알면서도
좋은 사람이 되기 위해 노력했구나.

어쩐지 너를 보면 마음이 따뜻해지더라.
네 온몸에 배어 있는 배려가
나를 편하게 만들어 주더라.

네가 어떤 삶을 살아왔는지 모르겠지만
어떤 책은 중간부터 읽어도 좋은 책이란 걸 알 수 있고
책의 마지막 페이지는 절대 거짓말을 하지 않지.

너는 좋은 사람이라 더 아팠겠지만 아픔에 마침표를
찍을 때마다 네 곁엔 좋은 사람들이 있을 거야.

네 진가를 알아봐 주는 사람들과
끝까지 가면 되는 거야.

메리 크리스마스

텅 빈 가지에 황금색 별과 은색 종을 달아준 사람.
텅 빈 달력을 만남으로 채워준 사람.
덕분에 내 올해는 크리스마스 트리처럼 빛났어.
철없는 나와 함께 해줘서 고마워.

앞으로도 잘 부탁해. 마음이 겨울처럼 쌀쌀할 때면
내가 크리스마스처럼 당연히 있을게.

열심히 달리다가 문득 외로울 때 나를 찾으면
눈사람처럼 웃으며 두 팔 벌려 안아줄게.

앞으로도 서로의 존재를 감사하며 아끼며 살아가자.
크리스마스 소원은 딱 하나만 빌자.

내년 크리스마스에도 소중한 사람들과
함께하게 해달라고. 꼭 건강하자고.

새해

올해, 많은 일이 있었고 작은 일에도 웃고 울었지.
지나가기까지는 많이 힘들었는데
지나고 나니 웃으며 추억할 수 있게 되었지.

유난히 바쁘고 정신없었던 한해였어.
그래서 말이지, 내년에는 왠지 좋은 일만 생길 것 같아.

올해 액땜 참 많이 했으니
다가올 새해에 모두 보상받을 것 같아.

내년, 그 시작이 아름다웠으면 좋겠어.
다이어리는 첫 장이 가장 설레는 것처럼
내년의 첫 페이지를 아름답게 장식했으면 좋겠어.

잘 가, 올해. 잘 부탁해, 내년. 잘 가, 나를 떠난 사람들.
잘 부탁해, 앞으로 함께할 사람들.

아팠던 날들은 작년 일기장과 함께 덮어두고
이제는 행복하기만 하자. 다 잘 될 거야.

너에게 삶을 살게 하는
예쁜 문장들을 건넬 수 있어서 다행이다.
이렇게 겨울이 따뜻해지면 곧 봄이 올 테니까.

고요한 잠의 섬

요즘 밤에 잠이 잘 안 온다며.
걱정의 무게가 눈꺼풀보다 무거운가 보다.
다가올 내일을 마주하는 게
고단한 하루를 보내주는 것보다 어렵나 보다.

어디서 들었는데 잠에 꼭 들어야 한다는
강박이 더 잠들기 어렵게 한대.
또, 눈만 감고 누워있어도 수면의 80% 효과가 있대.

그러니까 무서워 말고
얕은 수면 속으로 잠수하는 거야.

잡념을 헤엄치다 마침내 고요한 섬에 도착하면
나도 거기 있을게. 이따가 꿈에서 봐.

어제

어디론가 떠나고 싶어도 현실 탓에 떠날 수 없고,
혼자 조용히 있고 싶은데 때론 그것조차 마음대로
되지 않을 때.

괜히 힘든 이야기를 꺼내면
상대가 나를 별로라고 생각할까 봐,
거기에 더 상처받을까 봐 말 못하고
꾹꾹 눌러 담고 있을 때.

그럴 땐 나를 찾아와, 이유 없이 힘들다고 말하면
이유 없는 포옹을 건넬게. 길게 설명하려면
힘든 일일 테니. 아무 설명 않고 길게 안아줄게.

기대도 돼, 우리는 같은 온도니까.
너와 나는 유독 비슷한 감정을 느끼며 살아가니까.
내가 힘들 때도 너의 다정한 품을 빌릴게.
그러니 너도 힘들 땐 주저하지 말고 나를 찾아줘.

도화지

빈 도화지에 밤하늘을 그려봐.
우아한 보라색 밤이든
차가운 검은색 밤이든
마지막엔 노란색 색연필로
별과 달을 그리게 될 거야.
너는 이미 알고 있지.
깜깜하기만 한 밤은 없다는 것을.
믿어 보는 거야.
너의 밤도 그렇다는 것을.

예쁘게 자라왔구나

너는 속이 참 깊구나.
다른 사람의 마음에 소라 껍데기처럼 귀를 기울이며
진주같이 반짝이는 눈으로 위로를 건네는 걸 보니.

그런 너를 가만스레 보고 있자니
이상하게 내 마음이 찰랑이네.
모진 세상 속에서 예쁜 마음 한 송이 지켜내는 게
쉬운 일이 아니라는 걸 알아서일까.

사람에게, 사랑에게, 과거와 현재, 미래에게
상처받으며 마음 놓고 일기장에도 적지 못했던 날들.
수도 없이 부딪히고 부서지고 무너지고
헝클어지던 날들이 있었을 텐데.

그런데도 너, 어긋나지 않고 예쁘게 살아왔구나.
이렇게 깊은 사람으로 성숙한 사람으로 자라줬구나.
오늘은 내가 네게 주어를 비워둔 채
간직해 오던 문장을 건넬게.

바르고 예쁜 사람으로 자라줘서 고마워.
지금 너의 모습은 눈물 벅차도록 사랑스럽단다.

앞으로도 무너질 일이 많겠지만 꼭 기억해줘.
너는 절대, 절대 혼자가 아니란다.

겨울 바다

겨울 바다를 보고 왔어.
바다도 나처럼 한숨을 쉬더라고.
거친 숨을 내쉴 때마다 철썩이고 흔들리더라고.
현실에 두고 온 고민과 겨울 바다.
그 둘이 참 많이 닮았다고 생각했어.

춥고 깊고 끝이 없을 것만 같은 기분.
그렇게 한참을 멍하니 서 있다가 알게 되었지.

바다의 끝에 다다를수록 요란하게 철썩인다는 것을.
그리고 내가 지금 바다 끝에 서 있다는 것을.
모든 걸 집어삼킬 듯한 파도도 결국 내 눈앞에서
물거품이 되어 사라진다는 것을.

오늘 하루도

같이 있으면 기분 좋은 사람과 함께
맛있는 음식을 먹을 때.

무심코 느낀 바람의 온도가
온갖 설레는 마음을 가져다줄 때.

마시멜로보다 달콤한 낮잠을 자고
오후의 나른함을 온몸으로 느낄 때.

샤워 후에 뽀송뽀송한 몸으로
포근한 베개와 이불의 촉감을 느낄 때.

그 행복한 느낌을 간직한 채 잠에 드는 거야.
내일, 분명 좋은 하루가 될 거야.

오늘 하루도 고생 많았어.
잘 자. 좋은 꿈 꾸고.

나와 닮은 너의 하루에

내가 많이 힘들어서 누군가는
나처럼 힘들지 않기를 기도하며 적어 내려가는 글.
위로를 건네며 위로받고 싶은 저녁.

내 하루와 모양이 닮은
너의 하루에 이불을 덮어주고 싶다.

밤새 뒤척이는 불면의 밤에
오르골 소리가 되어주고 싶다.

불안해하지 마, 다 괜찮을 거야.
지긋이 말하며 거친 손을 다정하게 잡아주고 싶다.
생각이 많아 머릿속이 소란해질 땐
잔잔한 빗소리가 되어주고 싶다.

이런저런 고민에 정처 없이 나선
골목길을 함께 걷고 싶다.

그러다 벤치에 앉아 어깨를 빌려주고 싶다.
어깨에 기댄 네 머리 위에 내 머리를 살포시
기대어 쉬어가고 싶다.

헤어짐 후의 아픔
퇴사 후의 막막함
혼자 있을 때의 쓸쓸함

그런 것들을 모두
혼자만의 것으로 두게 하고 싶지 않아.

우리, 서로의 다정한 마음을 확인하는 것만으로도
밤의 길이가 짧아질 텐데.
밤에 자주 울던 고장 난 자명종 시계도 곧 그칠 텐데.

울지 않았으면 해서

네가 울지 않았으면 해서.
별 이유 없이도 별처럼 웃고 행복했으면 해서.

그래서 아무 말 하지 않고 그냥 좀 안아 주게.
훌쩍이는 소리와 함께 호흡이 가빠오기 시작하면
등에 손을 올려 천천히 두드려 주게.
토닥토닥. 불안하게 뛰어대는 심장 박동 좀 재워 주게.

오늘은 눈물을 네 소매가 아닌 내가 훔쳐 가게.
잠시나마 생각 좀 멎으라고.
잠깐이라도 맘 편히 있으라고.
아무것도 몰랐던 시절이 참 따뜻했듯
네 마음 아무것도 모르는
내 품이라도 따뜻했으면 해서.

나는 네가 꼭 행복했으면 해서.

잘 자

잘 자. 온 우주가 너의 내일을 축복해.
깊은 꿈속으로 손잡고 가자. 잠깐 세상에서 사라지자.

숨 쉬려 애쓰지 않아도 숨이 쉬어지는 낙원으로.
지친 몸과 마음을 어루만져주는 까만 그늘 속으로.

눈을 감고. 포근한 베개의 촉감을 느끼고
이불의 품에 안겨.

눈앞에 보이는 검은 호숫가에 걱정은 벗어 놓고
얕은 수면으로 한 걸음씩 내딛는 거야.

너의 불면증이 불안이 되지 않게 내가
늘 너의 밤에 있을게.
안온한 내일을 빌게.

다정함이 필요한 날에

힘이 다 빠져버린 날.
무언가 왈칵 쏟아질 것 같은 날.
그런 날엔 누군가에게 기대어 쉬고 싶을 텐데.
아이처럼 안겨서 하염없이 울고 싶을 텐데.

다정한 토닥임이 필요한 그런 날에 기댈 사람이 없다는
사실이 너를 더 아프게 한다는 걸 너무 잘 알기에.

애타게 휴대폰을 만지작거리는 작은 손가락 끝에라도
내 온기가 닿았으면 해서.
네 마음 내 마음 비슷한 거 알아줬으면 해서.
우리는 서로 다르지만 서로 달라도 우리였으면 해서.

절대로 소중한 너에게

내겐 털어놔도 돼.
이상하게 생각하지 않을게.

꺼내 놓기 쉽지 않은 일인 거야.
어차피 누가 알아줄 거란
기대조차 하지 않는 것도 당연해.

위로를 하는 데는 익숙하지만
위로를 받는 데는 서투른 사람이니까.
그래서 혼자 보내는 시간이
누구보다 중요한 사람이니까.

아픔을 설명할 힘조차 남지 않았겠지.
그래도 내가 너의 지푸라기가 되었으면 해.
위로를 건네겠다는 이 작은 욕심이
네가 내일을 맞이할 작은 이유가 되었으면 해.

네가 그랬지.
안 좋은 일들이 많았다고.
여린 가슴으로 감당하기엔 너무도 모진 일들이었다고.

내 대답이야.
눈에 보이는 게 전부 슬픔뿐이라도
꾹 참고 살아내야만 해.

혼자라서 두려우면
이 작은 지푸라기라도 잡고 살아야만 해.
기억해, 너는 절대 틀리지 않았어.

절대로 소중하고
절대로 살아가야만 해.

어쩔 수 없는 일

세상엔 그야말로 어쩔 수 없는 일이 존재한단다.
최선을 다하고서
그저 지나가는 바람에 맡겨야 하는 것들.
이미 벌어진 상황들, 이미 그렇게 되어 버린 일들.

아무 준비도 하지 못한 채로 가슴 미어지는 순간들을
받아들이는 게 절대 쉬운 일은 아닐 테지.
나아지기 위해 시간도 많이 필요할 테고.

그런 너를 바다처럼 넓은 품으로 안아주고 싶은 건,
파도 소리가 되어 네가 우는 소리를 숨겨주고 싶은 건.

그 다정함이 삶의 전부가 되기도 해서.
너를 걱정해주는 마음의 조각들을 주의 담아
마음에 꼭 품어줬으면 해서.
네가 혼자 울 때 조금은 덜 서러웠으면 해서.

나의 자랑

분명, 잘하고 있다.
대견하고 예쁘다.
나는 네가 자랑스럽다.

아픈 시절

"그땐 진짜 힘들었지. 근데 이제는 괜찮아."

그 말을 듣자마자 눈물샘에 파도가 일기 시작했던 건
말끝에 이어지는 네 밝은 미소 때문이었어.

나는 알았지.
반쯤 풀린 눈동자로 잠깐 응시하던 그곳이
일기장에도 터놓지 못했을 아픈 시절을 향하고 있음을.

이제야 나타난 나는 그 시절의 너를 만질 수 없으니,
혼자 감당하기엔 벅찼을 시절로
함께 돌아갈 수도 없겠지.

시계를 멈춰놓은 채로
너를 내 세상으로 잠시 끌어당길 수밖에.
시절을 견디고 온 몇 겹의 너를, 눈시울보다 붉게
안아주며 참 고생 많았다, 대견하다고 말해 줄 수밖에.

나도 몰랐던 내 마음

"너희가 잘 몰라서 그렇지, 얘 많이 힘들었을 거야."

그 한마디에 코가 찡해지고 눈물이 앞을 가렸던 건
힘든 일들이 지금의 내겐 너무 당연했기 때문이었다.

오늘 아팠다면서 어떻게 했냐는 말에,
그 사람 도대체 왜 그러냐는 말에 괜스레 서러워지고.
괜찮냐는 질문에 숨겨두었던 대답이라도 들키는 날엔
눈처럼 얼었던 말들은 녹아 비처럼 쏟아지고.
예고 없는 포옹에 속수무책으로 울어버리고서
건네받은 휴지엔 나도 몰랐던 마음이 적히고.

작은 모닥불

지금 당장이라도 안아주면 눈물부터 나올 사람
마음에 상처 난 부분이 채 아물기도 전에
같은 곳을 또 다친 사람
다 지나갈 거라며 이번만 버텨보자 애썼지만
연이어 찾아온 시련에 또 무너진 사람
이제 정말 바닥이라고 생각했지만
그 밑의 바닥으로 떨어져 본 사람
나 말고 또 있을 테니.

동시에 자신과 닮은 사람을 안아주고픈 사람
상처의 이야기를 듣고 싶은 사람
다 지나갈 거라며 버텨보자 말해주고픈 사람
나 말고 분명 또 있을 테니.

나를 믿는 만큼 커지리라.
나의 세상을 지키고 서 있는 이 작은 모닥불은.

요즘

요즘 걱정이 참 많지.
양손의 지문으로 마른 얼굴을 쓸어내리며
한숨을 내쉬는 모습을 봤어.
해줄 말이 있는데 잠깐 내가 옆에 앉아도 될까.

불씨가 곧 꺼질 것 같은 마음으로
어디론가 계속 나아가야 한다는 게
얼마나 버거운 일인지 알아.
그 걸음이 얼마나 외로운지.

티 내지 않고 있지만 마음 한구석엔 무거운 마음이
공존하고 있을 거라는 거.

책임지고 있는 것들의 무게가
결코 가볍지 않다는 것도 알아.

내가 당신의 굽은 어깨를 내려다보는 밤하늘이라면
꿈속이라도 나직이 말해줄 거야.

잊지 말라고,
세상에 너 자신보다 중요한 건 없다고.

네 행복은 누군가를,
무언가를 위해 희생되어야 하는 게 아니라고.

너의 삶은 너의 것이고 지금까지 잘 해왔다고.
이미 너는 좋은 사람이야.

그러니 너를 위해서
조금은 더 이기적으로 생각해도 괜찮아.

지나쳐갈 시련

삶에 책임을 다하는 일, 얼마나 힘들었을까.
견뎌 내줘서 고마워.
가끔은 먼발치에 서서 삶을 바라봐도 괜찮아.
잠깐은 네가 네 삶의 조연이어도 돼.

내 손을 떠날 것들 어차피 떠나더라.
갈 기회는 가고 갈 사람은 가더라.
그것들이 있어도 잘 살아가겠지만
없어도 잘 살아가더라.

절대로 네 삶에서 가장 중요한 존재가
너 자신이라는 것만 잊지 않았으면 해.

마음에서 자꾸 무언가를, 누군가를
밀어내면 밀려나는 대로 지켜보고,
마음이 자꾸 흔들리면 흔들리는 대로 지켜보고,
달의 인력에 밀물과 썰물이 생기듯
너무 많이 생각하지 말고.

잠시 지나쳐갈 시련, 잠시 그렇게 건너가 보자.
소중한 사람아, 나와 함께 가자.

혼자인 것 같은 날

오롯이 혼자라고 느껴질 때가 있지.
다정함이 솟구치게 그리운 그런 날.
연락해서 털어놓고 싶어도
연락할 사람을 찾기 힘들고
고민을 이야기하기에도 기승전결을 모두 설명하자니
버거운 날. 누구라도 날 안아줬으면 하는 날.

살다 보면 그런 날들이 꼭 있더라고.
그런 날엔 너만 생각했으면 해.
잃어버린 너다운 모습을 꼭 찾았으면 해.
너 원래 밝은 사람이었잖아.
하고 싶은 대로 할 줄 아는 사람이었잖아.

너는 너잖아.
느끼는 그대로 가, 마음속의 답이 정답이야.

정말 그래도 돼, 네 삶의 주인은 너야.
세상에서 가장 중요한 건 너 자신이야.

안녕

너는 여느 때보다 웃을 때 제일 예뻐.
그래서 난 너의 안녕과 안온을 진심으로 바라.
다른 건 몰라도 아프고 외롭지는 않기를 기도해.

네가 견뎌야 하는 무게가 별것 아닌 게 아님을
너도 알았으면 해.

네가 잘 지냈으면 하고 더 욕심부려서
네가 신나는 얼굴로 늘 말해 오던
꿈을 꼭 이뤄냈으면 해.

누군가의 뇌리에 이렇게 특별하게 인식된다는 게
너에게 힘이 되었으면, 그것만으로도
너는 이미 밝게 빛나는 별임을 알았으면.
너의 존재가 이미 가치 있음을 꼭 알아줬으면 해.

걱정

너무 무리하지 말고, 몸 아껴가면서 해.
귀찮다고 끼니 거르거나 대충 때우지 말고.
신경 써서 밥도 좀 챙겨 먹어.
누가 봐도 너 열심히 살고 있으니까.
매일 뚜벅뚜벅 잘 걷고 있으니까.
늘 고생이 많아, 정말 수고가 많아.
오늘도 잘 보내느라 애썼네, 내 사람.

당신이 했던 말

네가 내게 그랬지, 넌 혼자가 아니라고.
그러니 너도 혼자인 것만 같을 때
내게 건넸던 말을 기억해줬으면 해.
네가 내게 그랬지, 다 잘 될 거라고.

그러니 너도 앞길이 막막하고 불안할 때
내게 건넸던 말을 기억해줬으면 해.
네가 내게 그랬지, 잘 챙겨 먹고 아프지 말라고.
그러니 너도 꼭 그랬으면 해.

이 밤엔 너의 다정함이 너만을 향했으면.
따듯하고 좋은 건 네가 다 가져갔으면.

그런 날이 있다지만

누구에게나 조금 울고 싶은 날이야 있다지만
요즘의 네겐 그런 일이 자주 있었구나.

네가 약한 사람이라 그런 것 같겠지만 사실은
네가 강한 사람이라 그래. 다 잘 해내고 싶어서.
모두를 실망시키고 싶지 않아서. 단단한 돌멩이처럼
굴러가다가 생각보다 가파른 길에 부딪힌 거야.
너의 균열은 당연한 거야.

그러니 조금 뒤처진다고 조바심 내지 말고
다시 천천히 조금씩 굴러가면 돼.

작은 일 하나씩 하나씩 너무 걱정하지 말고.
지금까지 충분히 잘 해왔으니까, 모두 잘 알 테니까.

뚜벅뚜벅

언젠가 머리가 하얗게 세고 얼굴이 다 주름지면
바다가 닳도록 너는 너의 삶을 애틋해할 거야.

우주가 알아준다 해도 모자랄 만큼 너는 늘 삶을
책임져왔고 앞으로도 책임을 다할 테니.

그런 네 발자국은 내게 기대고 싶은 어깨이고, 안기고
싶은 품이고, 따라 걷고 싶은 듬직한 등이란다.

소중한 사람, 오늘도 뚜벅뚜벅 잘 걸었구나.
오늘 하루 수고 많았다는 말보다 수고가 많았겠구나.

오늘만큼은

너는 가끔 위로를 받는 게 서툴러 보여.
애썼겠다, 고생 많았겠다고 말해주면
애써 괜찮다 대답하곤 "당신이 더 고생 많았지." 하며
되돌려줄 때마다 너는 얼마나 안기고 싶었을까.

그동안의 너는 얼마나
주어진 역할에 묵묵히 책임을 다해왔을까.
그동안 얼마나 강해야만 했을까.

오늘은 햇살처럼 따뜻한 네 체온보다
더 따뜻한 온도로 안아주고 싶다.
모든 따뜻한 문장의 주어가 오직 너였으면 좋겠다.

안온

베이커리 문틈으로 새어 나오는 빵 냄새와
햇살에 바짝 말린 흰색 이불 냄새처럼,
새벽의 공기 냄새와 밤 산책길의 풀냄새처럼,
한여름 오후의 매미 소리와 자갈밭 밟는 소리처럼
네게 포근함이 자주 불어오고 들려왔으면 좋겠다.

조급한 일상이라도 느린 풍경들이 자주 스케치 되기를.
바쁘고 소란스런 마음이 조금은 편안해지기를.
너의 안정과 안심과 안녕을 마음 다해 축복해.

요즘 힘들다 말하면

내가 요즘 힘들다 말하며 울먹이면
너는 분명 나를 안고서 토닥토닥
다독여주고 싶을 거야.

내 마음 알아주고 싶을 거야.
너를 찾아준 게 한편으론 고마워서
어떻게든 힘이 되어주고 싶을 거야.
그러니 네가 울면 나도 마찬가지일 거야.

가끔은 좀 기대도 돼.
많이 생각하지 말고 나를 찾아도 돼.

함부로 대하게 두지 말 것

마음이 많이 안 좋지.
주변에도 딱히 말 못 하겠지.
그 기분 알 것 같아서 그래.
나랑 비슷할 것 같아서.

지금의 너에겐 오늘 하루를 보내는 일도
아주 큰일이었잖아.
그럼에도 뚜벅뚜벅 걸었던
모든 발걸음이 칭찬받을 만한 일이었잖아.

우리에게 닥쳐온 일보다 더 힘든 건 어쩌면
힘든 이 마음과 일상을 극복하는 것일 수도 있겠다.

그래도 우리 애 많이 썼다고 자기 전에 꼭 칭찬해 줄까.
힘든 감정 하나가 널 함부로 대하도록 두기엔
네가 너무 소중한 사람이거든. 넌 좋은 사람이거든.

어른 아이

보여지는 모습에 워낙 민감한 사람인지라
이게 철없는 모양이란 걸 잘 알지만
가끔은 나도 아이 같고 싶을 때가 있다.

그냥 나 좀 봐달라고 투정 부리고 싶고
내 마음 좀 알아달라고 떼쓰고 싶었다.
복잡한 마음 말로 다 표현이 되지 않을 때
주저앉아 울어버리곤 누가 다가와서
따뜻하게 안아줬으면, 하고 욕심냈다.

그리고 그 누군가가 너라면 참 좋겠다고 생각했다.

b에게

우리가 계절의 징검다리를 두어 개 건넜을 때.
더운 하늘도 비를 내릴지 말지 갈피를 못 잡고 있던 때.
붉은 갈색 빛 머리를 풀어 헤친 네가 내 마음에
더 붉은 빛으로 밀물처럼 헤엄쳐오고 있던 때.

수년간 바다 깊은 곳에 잠겨 이끼 낀 두 다리로
석양처럼 빛나는 너를 만나러 가는 동안
내가 만들어 낸 두려움에 얼마나 숱하게 발이 빠졌는지
또, 몇 번의 걱정을 갯벌 바닥에 던졌는지.

운명처럼 찾아온 사랑을 뒤따라가며,
네가 흘린 발자국을 주우며,
모래사장 위에 적힌 우리의 이름과 사랑을 읊으며
네가 내 시의 마지막 주인이기를 기도했지.

언젠가 펜과 노트를 가지런히 책상 속에 넣어두고서
우리의 머리맡에 조용히 시집을 넣어두는 꿈을 꾸며.

도망가자,
바다면 더 좋고

최초 발행일 2024년 10월 9일

1쇄 발행 2024년 10월 09일
7쇄 발행 2025년 06월 02일

지은이 이도훈
펴낸이 이종혁
편집자 백주희

펴낸곳 일단
이메일 ildanbook@naver.com
출판등록 2022년 11월 1일 제2024-000020호
ISBN 979-11-988696-0-9 (03810)

· 이 책은 저작권법에 따라 보호받는 저작물이므로 무단 전재와 복제를 금지하며, 이 책 내용의 전부 또는 일부를 이용하려면 반드시 저작권자와 '일단'의 서면 동의를 받아야 합니다.

· 잘못 인쇄된 책은 구매하신 서점에서 교환해드립니다.